ちくま文庫

自分の仕事をつくる

西村佳哲

筑摩書房

目次

まえがき 009

1 働き方がちがうから結果もちがう

八木保さんをサンフランシスコに訪ねる 016
つくる力は「観察力」にしたがう 024 ／ モノづくりと身体感覚 031

象設計集団を北海道・帯広に訪ねる 038
「時間」は資源である 045 ／ 企画書に書き表せないもの 050

柳宗理さんを東京・四谷に訪ねる 057
「デザインのためのデザイン」ではなく 070

IDEOのボイルさんをパロアルトに訪ねる 075
トライ&エラーという唯一の方法 085

パタゴニア社をベンチュラに訪ねる 091

ドラフトの宮田識さんを東京・恵比寿に訪ねる 103
人が成長するしくみ 107／〝ファシリテーション〟というマネージャーの仕事 111／「自分で考えなさい」ということを教える 114／心臓のチャックをひらく 118／力を引き出す 124
小林弘人さんを東京・お茶の水に訪ねる 132
やり方がちがうから結果もちがう 139

2 他人事の仕事と「自分の仕事」

仕事を「自分の仕事」にする 146／「自分」を掘り下げることで他人と繋がる 149
植田義則さんのサーフボードづくりを訪ねる 154
甲田幹夫さんのパンづくりを訪ねる 168
矛盾を感じさせない仕事とは 176
ヨーガン・レールさんのモノづくりを訪ねる 181
意味のないことには関わりたくない 183／美意識としての環境問題 187／深く入ることで見えてくるもの 191／本当は自分のものを自分でつくりたい 194

馬場浩史さんの場づくりを訪ねる 198
身体もモノづくりの環境である 202／余所でなくこの足もとに積み上げる 210

ファインモールド社のプラモデルづくりを訪ねる 213
大手プラモデルメーカーから移ってきた若者 215／空を飛ぶ「紅の豚」をつくる 218／「つくり手の気持ち」という品質 223／「馬鹿」になる？ 226

頼まれもしないのにする仕事 232

3 「ワーク・デザイン」の発見

新しいオフィス像を探そう 240／「オフィス・ランドスケープ」 242／空間は人に働きかける 245／見えない仕事場：マネージメント 249／1分間マネジャー 254／ワークデザイン研究室との出会い 257／私たちは「仕事」を買いに会社へ通っている 264／働き方研究のはじまり 269

【コラム】
深澤直人さんに聞いた働き方の話 035
伊藤弘さんに聞いた働き方の話 054
黒崎輝男さんに聞いた働き方の話 165

あとがき 273／謝辞 278

補稿 10年後のインタビュー

馬場浩史さんを益子に訪ねる 285
ここでの暮らし・ここでのものづくり 292

甲田幹夫さんを上田に訪ねる 300
わたしたち 310

文庫版あとがき 315

解説 ファックス・ズゴゴゴの頃から 稲本喜則 327

索引 332／参考文献 333

自分の仕事をつくる

西村佳哲（働き方研究家）

本文デザイン　ASYL

まえがき

目の前の机も、その上のコップも、耳にとどく音楽も、ペンも紙も、すべて誰かがつくったものだ。街路樹のような自然物でさえ、人の仕事の結果としてそこに生えている。

教育機関卒業後の私たちは、生きている時間の大半をなんらかの形で仕事に費やし、その累積が社会を形成している。私たちは、数え切れない他人の「仕事」に囲まれて日々生きているわけだが、ではそれらの仕事は私たちになにを与え、伝えているのだろう。

たとえば安売り家具屋の店頭に並ぶ、カラーボックスのような本棚。化粧板の仕上げは側面まで、裏面はベニア貼りの彼らは、「裏は見えないからいいでしょ?」というメッセージを、語るともなく語っている。建売住宅の扉は、開け閉めのたびに薄い音を立てながら、それをつくった人たちの「こんなもんでいいでしょ?」という腹のうちを伝える。

やたらに広告頁の多い雑誌。一〇分程度の内容を一時間枠に水増ししたテレビ番組、などなど。様々な仕事が「こんなもんでいいでしょ」という、人を軽くあつかったメッセージを体現している。それらは隠しようのないものだし、デザインはそれを隠すために拓かれた技術でもない。

また一方に、丁寧に時間と心がかけられた仕事がある。素材の旨味を引き出そうと、手間を惜しまずつくられる料理。表には見えない細部にまで手の入った工芸品。一流のスポーツ選手による素晴らしいプレイに、「こんなもんで」という力の出し惜しみはない。

このような仕事に触れる時、私たちは嬉しそうな表情をする。なぜ嬉しいのだろう。

人間は「あなたは大切な存在で、生きている価値がある」というメッセージを、つねに探し求めている生き物だと思う。そして、それが足りなくなると、どんどん元気がなくなり、時に

柳宗理によるコーヒーカップ&ソーサー

は精神のバランスを崩してしまう。

「こんなものでいい」と思いながらつくられたものは、それを手にする人の存在を否定する。とくに幼児期に、こうした棘に囲まれて育つことは、人の成長にどんなダメージを与えるだろう。

大人でも同じだ。人々が自分の仕事をとおして、自分たち自身を傷つけ、目に見えないボディブローを効かせ合うような悪循環が、長く重ねられている気がしてならない。

しかし、結果としての仕事に働き方の内実が含まれるのなら、「働き方」が変わることから、世界が変わる可能性もあるのではないか。

この世界は一人一人の小さな「仕事」の累積なのだから、世界が変わる方法はどこか余所にではなく、じつは一人一人の手元にある。多くの人が「自分」を疎外して働いた結果、それを手にした人をも疎外する社会が出来上がるわけだが、同じ構造で逆の成果を生み出すこともできる。

問題は、なぜ多くの人がそれをできないのか、ということになるが、まずはいくつかの働き方を訪ねるところから始めてみたい。

僕はちょうど三〇歳の時に会社を辞めて、自分の仕事をはじめると同時に、働き方について調べる仕事をはじめた。

現在の仕事は、「つくる」「教える」「書く」の三つに大別できる。ウェブサイトのデザイン・プランニングや、博物館や美術館の展示物企画・制作、プロダクト開発の仕事のかたわら、美術大学などの機関でデザイン関連の教育にたずさわっている。「書く」仕事の主なテーマは「働き方」だ。「働き方研究家」という肩書きでいくつもの仕事場を訪ね、「あなたの働き方について聞かせてください」と、答えに窮しかねない話題について根ほり葉ほり聞いてまわった。

いいモノをつくっている人は、働き方からして違うはずだと考えたのだが、はたしてその通り。彼らのセンスは、彼ら自身の「働き方」を形づくることに、まず投入されていた。

素晴らしい仕事も作品も、ある意味で、その結果に過ぎないことがよくわかった。また同時に、それぞれの仕事が彼らにとって、他の誰にも肩代わりできない「自分の仕事」であることを知った。

この本に登場する人物には、デザインやモノづくりに関わっている人が多い。しかし彼らが語ってくれたことは、決して専門分野の特殊な話ではなく、働き方を考え直してみたいすべての人と共有できる普遍性を持っていたと思う。

この本は働き方をめぐる探索の、小さな報告書です。

1 働き方がちがうから結果もちがう

八木保さんをサンフランシスコに訪ねる【1995年・夏】

「すでにあるモノたちと、どれだけいい形で出会うかが大事」

サンフランシスコの市街は、北東から南西へまっすぐにのびるマーケットストリートによって、大きく南北に分けられている。観光客にもっとも馴染みの深い、起伏に富んだサンフランシスコの街並みは、すべてその北側の話。南側は平坦な土地で、郊外へ向かう高速道路の架橋や倉庫街がひろがっている。

八木保氏の事務所は、当時その倉庫街の入り口付近にあった。昼時なら危ない雰囲気は感じられないが、あたりに人影はない。本当にこんなところで仕事をしているんだろうかと少し不安を感じていると、Tamotsu Yagi Design の小さなネームカードが貼られた呼び鈴を見つけた。取材の仕事をはじめて間もなかった僕は、やや緊張してベルを鳴らした。

八木氏は以前、浜野商品研究所に所属し、東急ハンズなどのグラフィックデザインを手がけた人だ。一九八四年にアメリカに渡り、エスプリ社のグラフィックデザインを約七年間担当。独立後はベネトン社の香水のパッケージやそのショップコンセプトなど、グラフィックの領域と国境を越えた活躍をつづけている。僕が訪ねた頃は、ちょうど日本の服飾ブランドINDIVIなどのためのデザイン検討を重ねていた。

友人に会いがてらとはいえ、米国にまで氏を訪ねた理由は、彼の働き方に対する興味にあった。

彼のスタジオでは、普通ならカラーチップ（印刷用の色見本）を並べて色彩検討をするような場面で、まず森や街へ出かけ、木の葉や石やブリキなどを拾い集めてくるという。そして拾ってきた素材をテーブルに並べながら、「こんな感じ」と、色や質感をめぐるデザイン作業を進めるという話を耳にしていた。

八木　僕にとってオフィスは、考える場所じゃなくて作業をす

八木 保　1949年神戸生まれ。日本でのデザイン活動を経て、84年、エスプリのデザインディレクターに就任。91年に独立し八木保デザインを設立。以後、日本・アメリカ・ヨーロッパと、国境を越えたデザイン活動を展開している。作品集に『八木保の仕事と周辺』（六耀社）など。
http://www.yagidesign.com/

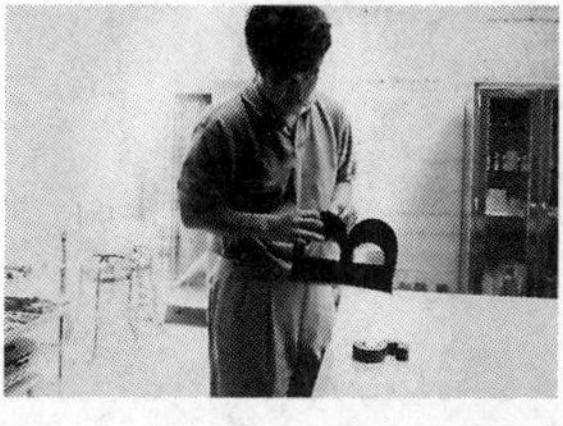

る場所。だから椅子に座っている時間はほとんどないんじゃないかな。一日中、スタッフのまわりを歩き回ってますね。

——唐突ですが、仕事中の食事はどうされていますか？

八木　みんなで一緒に食べます。今日はデリバリーのサンドイッチ。でも、セラミックの皿に移しかえて食べるし、プラスチックのスプーンなんて絶対に使わせない。オフィスで食事をつくったりもしません。だってそんなことより、早く帰っていい生活する方が大切でしょう。限られた時間で、サッサと気持ちよく食べる。遅い時間に食べると次の日に疲れが残るので、残業があるとわかってる日にはみんなで早めに食事をとります。でも、誰かが買ってきたお菓子を囲んでのお茶は、ようやりますね（笑）。

——立体的なモノをいじりながらデザインを進めたり、触感や匂いが感じられるようなプレゼンテーションを行われるようで

すね。

八木　触感的な仕掛けをつくるのは、僕らうまいですよ。アメリカでやっていく以上、特色のあるスタイルはすごく大事だし、なんといっても僕らは報告書を持っていくわけじゃないからね。匂わせたり触らせたりしないと、「気持ち」は通じないでしょう。コミュニケーションっていうのは喋ることじゃあない。たとえば他の人よりも僕が喋った方が、たどたどしい英語でもやっぱり「伝わる」わけ。わかります？　なんといっても調子だとかノリ、テンポやタイミング、そういうものを伝えるのが大事なんだ。デザインというのは、単に視覚的なものではない。で、それは口で言わなくったって、パッと触ればすぐわかるものです。「こんな感じです」って、それで伝わります。この塗装されたスチールにしても、手にとってみると、「この青色は下に白を塗っているから出るんだな」ってことがよくわかる。そして、塗料のたまり具合や、人の手が触った跡が感じられる。こうしたディテールが、すごく大事なんだね。

INDIVI

だから変にスケッチなんか描くよりも、どれだけいい形で既にあるモノたちに出会って、触って、観ていけるかが大切なんだ。触覚的に作業を進めていくと、本能的な部分がいい形で残っていくんですよ。

でもいまのデザインは、どうもコンピュータを相手にやり合っているような気がしませんか。最終的なモノとの会話ができていない。この事務所にもMacは並んでいるけど、僕らのデザインワークは、できるだけ両方の感覚を行ったり来たりしながら進めています。

スタッフ 事務所のスローガンになっている「Good design is in the nature of things」とは、あらゆるモノの中に、そのものごとのよさがある、ということです。

外で拾ってくるものは、自然物に限りません。中にはケミカルなパッケージ材もあります。みんなでいろいろと持ち寄って、素材で「パレット」を作っていく。そこではフィーリングと同時に、勘のようなものが共有されます。そんなふうに進めるのが八木のスタイルなんです。誰かが何か拾ってくると、みんなで集まって見せ合いっこになりますね。

つくる力は「観察力」にしたがう

イヌイットは雪を示す一〇〇種類の名前を持っており、それらを使い分けるという。が、東京で育った僕にとって雪は、牡丹雪、粉雪、雪、霙混じりの雪など、約四種類ほどにすぎない。彼らが雪の世界で暮らすためには、その雪を高精細に見分け、伝え合う言葉が欠かせない。

指し示す言葉の厚みは、その事象に対する感受性の厚みを表している。

ある服飾デザイナーのアトリエを訪ねた際、小さな引出で埋め尽くされた壁面を見せてもらった。そこには世界中から集めてきた布や糸が、色別に分けて納められていた。彼らはその引出しを時折あけて、あたらしいテキスタイルの色と合わせている。自分たちでつくり上げる、自分たちのためのカラーサンプル。棚を前にしたそのデザイナーは、素人目には同じ色にも見えかねない繊細な色味を見分けながら、まだ紫が足りないとつぶやいていた。

この彼も八木氏のように、色見本ではなくまったく別のもの、たとえば桃の果実をスタッフに手渡しながら、「このピンクが……」と色指定をすることがあったという。この時、手渡される〝桃〟には、ピンクという色を越えた情報が含まれている。その質感と手触り、味わい、重さ、儚さ。これらすべてを含んだ情報が、まるごとの経験としてスタッフに伝えられ、共有される。

コンピュータの画面の表現能力はたとえば一六七〇万色、パントーンという色見本帖は約一一〇〇色で構成されている。が、むろん世界は一六七〇万色でも一一〇〇色でもない。見本帖の色は、あくまで工場とやり取りするための記号であり、省略化された情報に過ぎない。

しかしその色見本によって、逆に私たちの世界観が狭くなっ

パントーンの色見本帖

てしまうようなことが、随所で起こってはいないだろうか。

たとえば西洋音階の平均律における一オクターブは一二音音階だが、世界には五音音階、七音音階をはじめ、四半音の差を区別する音楽も存在する。音程は音階の隙間に無限に散らばっている。ヴァイオリンやウッドベース、三味線や琴といったフレットを持たない弦楽器や、なによりも人の音声がわかりやすい例だろう。

イリノイ大学で行われた実験によると、人間が知覚可能な最高音と最低音の間にある、耳で明瞭に区別できる音の数は一三七八音だったそうだ。被験者の状態や文化的背景によっても大きく異なりそうな実験結果だが、少なくともピアノの鍵盤数の八八音ではない。

「絶対音感」という言葉が一時期話題を呼んだが、あれには才能というより、後天的に与えられる色眼鏡という側面がある。

ゲーテは実験を通じて、自然界の光を七色に分解した。これは連続する色のスペクトルを科学的に扱うために、あえて行われた解体作業だったが、結果として「七色のレインボーカラー」という強力な色概念を人々に与えている。言葉を使い込むようになった年齢の子どもほど、クレヨンで人の顔を描くときにまず肌色のクレヨンを探そうとする。むろん一人一人の肌の色は違うし、クレヨンのような肌色をした人は少ない。概念が、生きた体験を矮小化するのだ。

美術大学でデザイン教育に携わっていると、デザイン道具としてのコンピュータの弊害を痛感することがある。

アプリケーションにはそれを使い易くするためのインターフェイスがあり、たとえばフォントなら10・12・14・18……といったサイズが、プルダウンメニューで選択できる。むろんそれ以外のサイズについても小数点以下の桁数まで制御できるのだが、学生の最終成果物を見ていると、インターフェイス上に用意されていた制御単位がそのまま使われているケースがよく見受けられる。

これは、道具の精度によって、モノづくりの精度が規定され

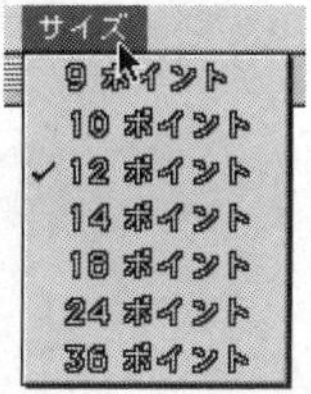

ることの一例だ。使い易いということは、何かを捨てているわけだが、はじめて使うデザインの道具がコンピュータという世代の彼らにとって、省略されたインターフェイスは、モノづくりをめぐる前提条件として学習・認識されてしまう。

ちなみにその学生たちに、映画のチラシや雑誌の一頁からなにか良い題材を提示し、「これをコンピュータで完全に模倣せよ」といった課題を与える。すると、デフォルトのメニュー数値からはなれたデザインの細部、フォントサイズの細かい制御、ひとつひとつの文字間隔の調整。そうした仕事の存在が見えてくる。デザインの強度や緊張感が、どのような細部の積み重ねによって形成されているのかが、体験的に理解されるようになる。

そして観察精度が上がると、引きずられる形で、本人のデザインの精度も高まってゆく。デザインに限らず、スポーツや料理においても、模倣は基本的な上達法だが、そのポイントはまず観察を通じたイメージ精度の向上にある。

本人の「解像度」の高さが、その人のアウトプットの質を決める。

以前、あるピアノ奏者に「音楽家にとって、もっとも重要な能力とは何か？」という質問をしたところ、迷わず「聴く能力です」という答えが返ってきた。自分が出している音を聴き取る力がない限り、その先への進歩はない。イメージと現実のギャップが感じられるからこそ悩めるし、成長することも出来るが、もし「自分は十分にいい音が出せている」と感じたら、そこがその人の音楽の上限となる。だから、常に聴く能力を磨きつづけることが必要であり、齢を重ねることによる進化もあるのだ、と話してくれた。

ビーチボーイズのアルバム『ペットサウンズ』のレコーディング中、ブライアン・ウィルソンはコーラスパートを歌う弟のデニスに、両掌を耳の後ろでひろげながら歌うようアドバイスしたという。「彼に教えたのはうまく歌うコツじゃなくて、自分の力を最大限に出す方法だった。ちょっと手を耳に添えるだ

ペットサウンズ Pet Sounds
1966年に発売されたビーチボーイズのアルバム。ブライアン・ウィルソンが、ツアーに参加せず実験的なスタジオワークを重ねて制作した。

けでね」、と彼は語っている。

つくり手の観察力が低ければ、なんでもすぐに完成する。「できた」と思えるからだ。が、逆にそれが高いとなかなか完成に到達しない。映画監督の黒澤明氏は、渋谷陽一氏によるインタビュー(『黒澤明、宮崎駿、北野武 日本の三人の演出家』ロッキング・オン刊)の中で、観察力と表現の関係性を、次のように語った。

「たとえばセザンヌでも誰でも長いことかかって絵を描いているでしょ? 下手な絵描きっていうのはすぐ絵ってできちゃうんだよ。あんなには描いていられないんですよ。ということはねえ、あの人たちが見ているものを僕たちは見ていないわけ、あの人たちが見えているものは違うんですよ。だからあんだけ一生懸命描いているんですよね。自分に本当に見えているものを本当に出そうと思って」

観察力が低いにもかかわらず、高い完成度を持った表現が生まれたとしても、それは奇跡に過ぎない。運の話は別にして、才能とはその奇跡より、むしろ観る力の方にあるのではないだろうか。

完成度の高い仕事には、その働き方の随所に、物事に対する観察力を高め、解像度を上げる工夫があらかじめ含まれている。

モノづくりと身体感覚

世界を感じ取る解像度のことを思うと、そのフィルターとなる身体について考えざるを得ない。

健康な身体に健康な精神が宿る、という。もっともだと思いつつ、そのあまりに健全な響きに素直にうなずきがたいが、たとえば身体の状態ひとつで物事がポジティブにもネガティブに感じられるのは確かなことだ。

小説家の村上春樹氏は、自身の身体をモノづくりの環境として、強く意識している。氏は『羊をめぐる冒険』を書いた三三歳の頃に、長距離走を始めた。いくつものフルマラソンへの出場はよく知られる逸話だ。小説を書くことは、一年かけて書いたものを、また一年かけて一〇回も一五回も頭から書き直す作業だという。その作業を支える精神的な集中力・持続力は、身体の状態に大きく左右されると、彼は語る。
「20代、30代はできちゃう。ただ40代、50代になってくると、そういうパワーがどうしても落ちてくるんだよね。できるはずのものができなくなってくるんだよ。もちろんごく少数の天才は別だけど、大部分の人はそうだ。（中略）それで僕は天才じゃないから、そういうパワーみたいなのを、ひとつのシステムにしようと思ったわけ」（「BRUTUS」1999/6/1号より）

比較的年齢が上のグラフィックデザイナーの中には、一ミリの間に一〇本の線を引ける人がいるようだ。烏口《からすぐち》などの道具を使った、手作業の話である。

この逸話は、デザインの道具としてコンピュータが使われはじめた九〇年代前半に、時代錯誤を語るモチーフとして時折引き合いに出されていた。いわく、「一ミリの間に一〇本の線を引くような技術を以てプロの腕を示すことが出来た時代もあったが、コンピュータを使えば、そんなものは誰にでも引ける。プロとアマチュアを隔てていた垣根は取り払われ、これからは誰でもデザイナーになれる。デザイナーに問われるのは、技術よりむしろ〝センス〟の問題になるだろう」、といった具合に。同じようなことは、音楽の分野でも言われていた。楽器を上手に弾けなくても、打ちこみやサンプリング技術によって誰でも音楽をつくることが出来る、と。

気持ちはわからないでもないが、これらの考え方は粗い。コンピュータとモノづくりの出会いが一段落した現在、いまだに同じように考える人はあまり多くないだろう。技術には、それを行う身体が伴う。そして高度に調整された身体においては、感覚の中に美意識が育まれる。

実際にやってみればわかることだが、一ミリの間に一〇本の線を引くには、呼吸の刻み方、集中力、身体全体の骨と筋肉の微細な制御、中心の取り方など、高度な身体感覚が求められる。身構えをつくってからでないと線を引くことはできない。昔はグラフィックデザイナーのアシスタントになってしばらくの間は、線ばかり何度も引かされたそうだ。きれいな線を引くには、烏口の先を砥石で研ぎ澄まし、道具の状態も調えなければならない。その中で磨かれ、身体に刻み込まれる美意識に、尊い価値がある。

陶芸家の河井寛次郎は、友人であり同じく陶芸家の浜田庄司の仕事について、次のような言葉を書き残している。

「浜田の作った物は何時も見事な企画を示す。それは浜田自身がそういう法則そのもののような処があるからだと思う。作った物ばかりではない。身体そのもの、暮らしそのものが立派な寸法そのもののような処があるからだと思う。」

働き手の身体とそれに育まれた感覚は、最も基本的な、仕事の環境である。

河井寛次郎 1890—1966年。陶芸家。人間国宝や文化勲章に推挙されても応じることなく、造形をめぐる仕事に生涯を捧げた。著書に『火の誓い』（講談社文芸文庫）など。

深澤直人さんに聞いた働き方の話

深澤直人氏は、IDEOというデザインファームの日本オフィス代表を経て、現在はデザイン事務所Naoto Fukasawa Designを構える。氏はダイヤモンド社のDMN（デザイン・マネージメント・ネットワーク機構）と共同で、一九九九年から「Without Thought」など、複数企業のデザイナーを対象とした教育プログラムを手がけてきた。テーマは毎年異なるが、その方法論は終始一貫している。なにか特殊なデザインテクニックが伝授されるわけではない。日常の中で物事を深く観察し、そこで発見した手掛かりからデザインを立ち上げること。複数の視点を交えてアイデアに客観性を与え、プロトタイプの試作により早い段階から潜在的な問題を抽出するといった、ごく真っ当なデザイニングの道筋を参加者とともに辿っている。

「ワークショップは、まずオブザベーション（観察）から始めます。たとえば、コーヒーにミルクを入れる行為について、二人一組で互いに観察し、発見したことを報告してもらう。ミルクの入ったプラスティックの容器をどう開いて、どう注ぎ、注ぎ終えたものをどこに置くか。とても短くてシンプルな行為だから、下手をすると何も発見されない場合もある。それでも、

ミルクの容器をコーヒーに浸す人がいたり、シュガースティックの袋をたたんで容器にしまう人がいたりする。

それぞれが気付いた点を集めていくと、単純な行為についてでも様々なことが見えてきて、「開けた・注いだ・置いた」だけでは観察が足りないことが、なんとなくわかってくる。中には『こんなところを見ました！』とエキサイトする人も出てきて、わずか数秒の行為について、最後にはホワイトボード一枚分の観察記録が出来上がります。

デザインを始めるには、こうしたオブザベーションを通じて、問題点を発見し、デザインのヒントを探し出さなければいけない。ホワイトボード上に並んだ観察記録の前で、『いいオブザベーションってなんだろう？』と、抽象的な質問をします。いい視点はそれが見出された時点で、アイデアの展開に入り始めている。他の人による良い観察をボード上に見つけ出していく中で、こうしたデザインの進め方がなんとなく伝わりはじめます。

しかし、そのようなプロセスに時間を割かず、とりあえず何かカタチにしなければいけない。多くのデザイナーは、そんな条件下で日々働いているわけです。彼らが悪いわけではなく、社会や企業活動がそういうものなんです。短期的な効率性の中でデザインをしようとすると、どうしてもある程度、頭の中でデザインを進めざるを得ない。しかし、やはりモノをつくり出していく過程で体験できるいろんな物事を、もっと大切にした方がいい。それは宝のようなものだと、僕らは思うんです」

【2000年・冬】

象設計集団を北海道・帯広に訪ねる【1995年・冬】

「手を動かす前の時間の豊かさが、仕事を面白くする」

建築設計アトリエの象設計集団は、一九九一年に東京・中野から北海道・帯広へ事務所を移した。廃校となった小学校をアトリエとして借り受け、設計活動をつづけている。

訪ねてみると、近所の保育園（同じく廃園）も借り増していた。次に狙っているという小学校まで見せてくれた。取材当時、メンバーは、北海道・帯広に一二名前後、東京に七名前後。そのほか白州等の建築現場に出ている人が数名。また台湾にも事務所があり、そこでは一五名程度が働いているとの話だった。なかなかの大所帯だ。

校庭は広く、彼らは思う存分好きなサッカーに興じることもできる。食事は給食室でまかなう。体育館は地域の人々が集会所として使うこともある。スタッフは近傍で家を借りるなどして暮らしているが、家賃は約三万円程度。廃校の家賃は、これがまた驚くほど安い。

しかし、生活費や家賃について書きたいわけではない。彼らが選択した仕事場の立地が、どんな働き方を可能にしているのかを紹介したいと思う。

建築設計は他のデザイン分野に比べ、プロジェクトの期間が長い。クライアントとの打合せも、そう頻繁に必要ではない。都市に連絡拠点を残し、事務所本体は郊外ないし地方へ移す彼らのようなワークスタイルは、他の業種に比べて実現性が高い。

象設計集団は、創設メンバーたちの大学卒業後、まず東京・早稲田にアトリエを立ち上げた。その後移った東中野のアトリエは、二〇〇坪近い古いお屋敷。再開発による立ち退きが決まり、その移転先を帯広に決めた際、同アトリエの代表の一人である樋口裕康氏は「土の上に建てるものは土の上で考えようよ」と言ったとか。帯広のアトリエを訪ね、象設計集団の代表のひとりである町山一郎氏に話をうかがった。

象設計集団　富田玲子、樋口裕康、町山一郎の三名をリーダーとする建築アトリエ。十勝と東京、台湾に事務所を持つ。1979年、名護市庁舎公開設計競技で最優秀賞を受賞。以後、学校、病院などの公共施設の他、緑地・公園、遊歩道などの環境設計まで幅広く手がける。
http://www.zoz.co.jp/

——北海道で仕事をすることに、デメリットは感じますか？

町山　業務上の支障は特にないと思います。建築の場合、いよいよ建てる段階になれば現場に滞在するので、その前はどこにいようが関係ない場合が多いんじゃないでしょうか。たとえば、いま僕のチームが進めている仕事は東京の案件ですが、月に二〜三回東京へ行けば、あとは電話やファックスで十分です。いまや通信などの十分なサービスがあるので、デメリットは感じません。

メリットを言えば、大きなスペースを安く使えること。都市部だと大きな作業場は、維持費だけでも大変な額になってしまう。僕らの場合、そういった負担がほとんどありません。生活費もここではそんなにかからない。これは重要な話だと思うな。「そんなにお金がなくても大丈夫」となれば、やっぱり気楽に生きていける。

——「いつまでにこの仕事を終えなければいけない」といった、維持費と予算の兼ね合いが変えられるということですね。

町山　そうです。いま僕のチームで進めている高齢者施設の設計作業を参考に話してみましょうか。今年の一月から始めて来年の九月に実施設計をまとめ上げる、全体で二〇カ月ほどのプロジェクトです。

いまはエスキースを詰めている段階ですが、ここにいたるまでに、高齢者関連の勉強を相当量重ねてきました。クライアントと一緒に本の回し読みも続けています。ちょうどお風呂の部分について設計を詰めているのですが、どうしても気になることがあって、近いうちに広島の施設を訪ねてみるつもりです。

プロジェクトがはじまって最初の三カ月ほどは、手はあまり動かさず、勉強に集中しました。そしてまずは五一カ所の施設を実際に見に行くことを決め、北欧から国内まで、興味を持ったところはだいたい見学し、実際に体験もしてきました。入浴装置を体験してみたり、寮母さんの仕事をやってみたり。入居

特別養護老人ホーム清遊の家（東京・葛飾区、1989）。高齢者施設のほか、在宅サービスセンターと保育園が同居している。
http://www.seiyunoie.or.jp/

B4

者と同じ部屋で寝泊まりして同じ食事を食べ、同じ生活をしてみたりします。

そうしているうちに、だんだん何をするべきなのか、何が問題なのか、自分たちに何ができるのかが細かいところまで見えてくる。この勉強の段階が非常におもしろい！ いろんな分野に数多くの先駆者がいて、それぞれの現場で素晴らしい実践を行っています。そういう方々に出会っていくのは興奮する経験だし、以後友人として仲良くしている人もいます。

ジャンルを越えたこれらの経験を、最終的に建築にまとめあげていくのです。スタディの段階は、時間的にも経済的にも負担がかかる部分ではあるけれど、大切にしています。それに何といってもおもしろい部分だから、これを捨ててしまったら長続きしないと思いますね。

「時間」は資源である

象設計集団が関わった仕事のひとつに、ＩＮＡＸ社が一九九五年から販売を開始した商品「ソイルセラミックス」がある。焼いてつくるのではなく「固めてつくる」このタイルは有機物のままなので、いつか土塊にかえすこともできる。新品の美しさが持続することを是とするタイル商品に、経年変化による味わいという発想の転換を与えた。

この商品は同社のルーティン化した商品開発ラインではなく、象設計集団の樋口氏、淡路島在住の左官職人・久住章氏らを交えた、数年間にわたる変則的な協働作業から生まれている。彼らは淡路島や多治見、イランやシルクロードの奥のカシュガルなど、土のある暮らしの現場を訪れ、その有り様や心地よさをともに体験した。

こうしたプロセスを経て、何が大切なのか、何が心地よいのかといった感覚や想いが、職能や立場の異なるスタッフ間で共有できたと、開発を担当したＩＮＡＸの技術者から聞いたことがある。「ソイルセラミックス」は、一九九八年に樋口氏を交えて開かれた同社内の会議にはじまり、その六年後、一九九五年に赤坂アークヒルズにリニューアル・オープンしたショール

施工直後　5年後

INAX・ソイルセラミックス

ーム「XSITEHILL」で実を結んだ。

帯広の事務所で見せてもらった、設計作業に先がけて作成される彼らのフィールドワーク資料はとても魅力的だった。現場周辺の地図には、メンバーがそれぞれの色のボールペンで、見たこと、感じたこと、気がついたことを克明に書き込んでいる。写真のスクラップや視察資料ファイルを開いても同じ。それぞれの経験をチーム全員で互いに共有する、生き生きとしたプラットフォームがそこにあった。

設計の前段階に投じられるこれらの仕事量が、建築物に色濃く反映されてゆく。手間暇を惜しまない仕事。こうした働き方が可能なのは、彼らが「時間」という資源を多く持っているからだ。そしてその「時間」は、仕事場の立地を選択することで、意識的につくり出されたのである。

過去の時代に人間が手がけてきた仕事をふり返る時、もっとも強く感じるのは、そこに投入されている「時間」の厚みだ。

仕事量の違い、といってもいい。現代の建設技術をもってしてもピラミッドを造ることは出来ないと聞いたことがあるが、私たちが受ける深い感動は、そこに投じられた、人間の仕事の厚みにあると僕は思う。

ピラミッドにまでさかのぼらなくても、ほんの一昔前、たとえば三〇〜四〇年前の木製家具においてもそれはあきらかだ。ポール・マッコブというデザイナーの木製デスクが自宅にある。ミッドセンチュリーの家具デザイナーの一人が手がけたなにげない机だが、小さな工夫や材の選び方、引き出しの取っ手の仕上げなど、丹念な仕事がディテールにまで行き渡っていて、触れていると豊かな気持ちになる。どのような価値観のもとでこの机がつくり出されたのかを、ひとつひとつのディテールが語るともなく語っている。

このような仕事に触れていると、つくり手の時間感覚が、わずか五〇年程度の間に大きく変わってしまった気がしてならない。指摘するまでもない話だろうか。「時は金なり」という言

ポール・マッコブによる木製デスクの脚部

葉があるが、人が時間と貨幣を、貨幣と時間を交換するアイデアを得た頃から、時間のかかる仕事は効率化を迫られるか、あるいは特殊な工芸品として別扱いされるようになった。

しかし、時間をかけることによってのみ達成できる仕事が確実にある。料理や芸事のように物質として残らないものについては、それが昔どのような質を持っていたかは知るよしもないが、建築や工芸品においては、その違いが一目瞭然だ。

デザインに限らず、多くの仕事の現場で効率性が求められている。しかし、なんのために？ 大半は経済性の追求にあって、仕事の質を上げるための手段ではない。もちろん速度や勢い、リズムは、いい仕事には欠かせない要素だ。しかし経済価値と、その仕事の質的価値では、ベクトルの向きが最初から異なっている。

合理的であること、生産的であること、無駄がなく効率的に行われることを良しとする価値観の先にあるのは、極端に言えばすべてのデザインがファストフード化した、グローバリズム的世界だ。そのゲームから降りて、仕事の中に充実感を求める時、私たちには「時間」を手元に取り戻す工夫が求められる。

企画書に書き表せないもの

象設計集団が、設計をはじめる前に様々な体験を共有するように、モノづくりの前段階を重視するつくり手には、いい仕事を生み出している例が多いように思う。

ゲームプロデューサーの水口哲也氏は、全世界的なヒット作の「セガラリー」を企画・プロデュースした人物だ。彼の率いるチームはその後セガから独立。現在はユナイテッド・ゲーム・アーティスツというプロダクションとして、「スペースチャンネル5」や「Rez」など、話題のコンシューマーゲームをつくり出している。日本のゲームデザイン界を前進させる、貴重な人材の一人だ。

彼は自身の仕事において、プリ・プロダクション段階、つまり実際につくり始める前の時間のあり方を、つねに重要視して

2008年現在、水口哲也氏はキューエンタテインメント株式会社代表取締役CCOとして「ルミネス」シリーズなどを開発している。

きた。

「スペースチャンネル5」は、迫り来る宇宙人の侵略に、主人公が踊りながら立ち向かうゲーム。大勢のキャラクターを従えて踊るシーンの華やかさの感覚を得るために、彼はプロジェクトの初期段階で、コアスタッフ数名とニューヨークへ出かけている。

「ミュージカルの感覚をつかみたくて、プランナーやADと一緒に五日間ほど、ニューヨークでミュージカルを観まくりました。出発前日にADに電話するんです。急に誘うのは、思いつきもあるし、あまり構えてもらわない方がいいというのもある。パスポート持ってるよね。悪いけど一日遅れでニューヨーク来てくれる?って(笑)。

そしてミュージカルを観ながら、どうしたら本当に面白くなるだろうって毎日話し込んで。戻ってくると、デザイナーたちの仕事が変わっていくんですよね」

スペースチャンネル5

中心的なスタッフとともに体験旅行に出かけるという方法は、彼が初めてゲームづくりを手がけた頃から始まっていた。「セガラリー」では、四名のスタッフと二週間ほど、アメリカ中西部をドライブしている。この旅は、ゲームの中で特に中級コースのデザインに活かされたという。

つづく「マンクスTT」というバイク・ライディングのゲームでは、アイルランド海に浮かぶマン島へ。島全体がラリーコースとなっているこの島で、多数のスタッフと一週間以上滞在しながら、コースでの試乗を含み体験の共有値を高めた。「セガラリー」の別バージョンでは、デザイナーとプログラマーを連れ、サファリラリーのドライバーと三日間インドネシアのジャングルの奥へ入ったそうだ。

あらためて口にしなくてもわかっている「何か」を、互いに共有しているチームは強い。スポーツにおいてもそうだし、海外から見れば日本の企業組織の強さも、まさにそこにあったのかもしれない。

映画『グレート・ブルー』の監督リュック・ベッソンと俳優のジャン・レノ、そして音楽を担当したエリック・セラの三人は、撮影が始まる前の二カ月間、地中海の海をめぐりながら毎日ダイビングをくり返したという。主人公はどんな気持ちで海に潜るのか、自分たちはなぜこの映画をつくるのか、なぜつくらなければならないのか。これらについて、語り合い、感じ、体験を深く共有する時間を重ねたそうだ。

暗黙知とも呼ばれるこの類の情報は、明文化が難しい。言葉や図説を重ねて企画書のページ数を増やしたところで、ゲームが面白くなるわけではないと水口氏は強調する。たしかにそうだ。

触れた時にグッとくる、得も言われぬ何か。それを企画書に記述するのは無理だし、試みること自体ナンセンスかもしれない。大事なのはコンセプトの精緻化より、むしろスタッフ間のコンテクスト（共有知）を育むことにある。いい仕事の現場には、その育て方が上手い人がいる。

伊藤弘さん（GRV）に聞いた働き方の話

デザインファーム「グルービジョン（現GRV）」のスタジオは現在東京にあるが、九七年頃は代表の伊藤弘氏を中心に、京都を活動拠点としていた。伊藤氏の仕事ぶりを訪ねて約半日、彼のワークスタイルに同行させてもらったことがある。

京都時代のグルービジョンはスタジオを持たないフリーランサーの集まりで、伊藤氏がその間を車や自転車で渡り歩くことによってグループワークを成立させていた（当時インターネットの回線はまだ細く、画像データのメール送付は行われていなかった）。こうした働き方は、若いフリーランサーたちの間では決して珍しい

ことではない。が、特に面白く印象に残ったのは、打合せがまるで打合せらしくないこと。ちょっとした言葉の交わし合いで、あっと言う間に終わっていたことだ。

「確かに僕らはすごいハイ・コンテクストで、あまり多く言葉を交わさなくても、だいたい狙った成果が出てきます。僕にとって京都は、何よりもそういう〝人〟の存在ですね。毎日会って話をしてるわけでもないのですが……。離れて仕事をするのはそれなりに負荷が高いけど、バラバラに働いていることで、個々のクリエイティブの質が自律的に保たれている、という側面もあります。

狙った通りにうまくいくわけは、僕ら自身にもよくわからない。月に一回やっているメトロ（京都鴨川沿いのクラブ）でのイベントが、結構重要なんじゃないかな。いま一緒に仕事をし

ている連中とは、みんなそこで出会ってるんです。ピチカート・ファイブの仕事も、メトロで始まったことだし。ボクらにとって〝クラブ〟は、マックと同じくらい重要な共通のプラットフォームですね。あそこで最初にやったことを、東京や外の街へ持っていくんですよ。何か作ってクラブイベントで出してみて、客の反応見て「これはイケル（笑）」と確認して、っていう具合に。いつも実験しているんです」

【1997年・初夏】

柳宗理さんを東京・四谷に訪ねる【1996年・春】

「最初に考えたものが最後までつづくことは、まずあり得ないね」

この本の冒頭にも書いたとおり、私たちは毎日、誰かがデザインしたものに囲まれて暮らしている。別の言い方をすれば、生きてゆくということは、いろんな人の〝仕事ぶり〟に二四時間・三六五日接しつづけることだとも言える。そして、「こんなもんでいいや」という気持ちで作られたものは、「こんなもんで…」という感覚を、ジワジワジワジワと人々に伝えてしまう。

そんな貧しい感覚の大量複製に工業化の力が使われるなんて、イームズをはじめとするモダンデザインの先駆者たちが知ったらどう思うだろう。彼らに合わせる顔がないが、私たちは事実としてその貧しさを生きている。モノが沢山あるにもかかわらず、豊かさの実感が希薄な理由の一つはここにあると思う。

日々の食事、新聞やテレビを通じたニュースなど、人々への影響力を持つ仕事は多いが、中でもデザイナーは情感性の高い表現物を扱っているので、その社会的な影響力を思うと、事態はかなり深刻かもしれない。

そんなことを考えていたある日、僕は柳宗理氏によるコーヒーカップを手に入れた（一一〇頁参照）。ボーンチャイナの白い食器は、「これはとても丁寧に作られている」「これは大事に使わなければいけない」と思わせるものを、強く内包していた。手にとった瞬間、モノを通じて自分が大事にされていることが感じられるデザイン。こうした仕事は、いまや希少だ。

この食器はどんな現場から生まれたのだろう。彼の設計室は、四谷駅にほど近い小路の行き止まり。前川国男建築設計事務所の半地下にあった。事務所の名称は「柳工業デザイン研究会」という。一九五〇年代、第一回工業デザインコンクールで賞を受けた柳氏は、賞金として一〇〇万円を受け取った。しかし、本人いわく「棚から牡丹餅のような気がして」、そのうち五〇

柳 宗理　1915年生まれ。日本のデザインの歴史そのものを自ら歩んできた工業デザイナー。代表作としてバタフライスツールが有名。東京湾横断道路のゲートデザインなども手がけている。現在は柳デザインの他、東京・駒場にある日本民藝館の館長も務める。
http://www.japon.net/yanagi/

万円で事務所をつくり、あとの半分はインダストリアルデザイン協会に寄付したという。「どうせ僕がやったって商売にはならないだろうって思ってたからね、『研究会』ってしたんです。財団法人のインダストリアルデザイン事務所って、ここだけです（笑）」

——最後まで図面を引かないという話を聞いています。いきなり形をつくり始めるんですか？

柳　そうです。寸法くらいはメモをとるし、いちばん最後は生産に移さないとならないから、図面化しますけどもね。最初はともかく、こんなふうにいろんな模型を作ってみて、これでいいかなとか悪いかなとかやる。鍋でも橋梁でもみんなそうです。そういう検討を非常によくするんでね、ものすごい時間がかかる（笑）。

——目ではなく、手で形をいじり始めるのですね。

柳　う－ん、形というか……。形もそうだけどもね。やっぱり作っていって無理があるとか、どんな具合かっていうことをね。それを研究しながら模型を作ったりしていくわけだから、いきなり図面は引けないわけですよ。

橋梁みたいに大きいものもね、まずは模型を作って。その上にモーメント（重し）を乗せてみると、どこが弱いかとか、あるいは崩れなさそうだってことがわかってくる。そしたら専門の人を呼んできて意見をもらったり、大丈夫だって確認してもらう。そういうやり方はおもしろいもんだから、構造の人もとても喜んでくれてね（笑）。工場の技術者とも、具体的なモデルをはさんでやり取りします。

生産の過程にも、デザインの手法はあるしね。そういう人たちと協力して、初めてデザインができる。僕ひとりでできるものじゃないですから。必ず協力してやるのが、ほんとだと思っています。それが信念なもんだから。

――そのスタイルは、いつ頃身につけられたのですか？

柳　コルビュジエの家具デザインの協力者で、シャルロット・ペリアンっていう人がいてね。戦争の前後に日本へ招かれて来たときに、僕はアシスタントとして日本中を一緒に回ったんです。

ペリアンは滞在している間に、地方の職人さんたちといろんな家具を作ってね。僕はあの人からデザインのやり方を教わったね。あの人も、はじめから図面を引いたりはしないね。

――柳さんは、スケッチも描かないんですか。

柳　スケッチなんかあまりしないな。とくにプレゼンテーションのための絵なんていうのは、絶対に描いちゃいけないっていう信念があるからね（笑）。そんなインチキはできない。

いまのデザインの考え方は、アメリカの影響だな。つまりコマーシャルデザインだよね。ロサンジェルスにアートセンター

昭和初期、商工省（現・経済産業省）は、日本製品に対する「アジアの粗悪品」というイメージを払拭し輸出振興を図るべく、何名かの外国人デザイナーを日本に招聘。ル・コルビュジエのもとで家具デザインを手がけ、その後ジャン・プルーヴェらと共同事務所を開いていたシャルロット・ペリアンは、1940年、坂倉準三を通じて商工省の招きを受ける。日本に来たペリアンは、京都の河井寛次郎をはじめ、東北の民具職人など様々なつくり手と出会い、伝統的な技術と素材を活かした家具デザインを複数試作した。

スクールっていうのがあるでしょ。僕、戦後に訪問したことがあるんだよ。だけどね、アメリカの自動車のデザインを見て、こりゃひどいことになっているなあって思った。彼らはスタイリングを追求して、机の上でレンダリングばかり描いてた。

でもそんなものからいいデザインなんて、絶対に出てこないからね。それは絵でしかないんだから。まあ素人に見せるにはわかりやすいだろうけど（笑）。でもインチキだと思ったね。

――スケッチも描かずに、いきなり模型材料に手をつけるのですか。……どうもイメージしきれません。

柳 あの、だからね（笑）。僕のデザインでバタフライスツールっていうのがあるでしょ。あれをつくるときにはどうしたかっていうとね。えーと、あのときは塩化ビニールの板を使ってね。椅子をつくるともなんとも思わないで、それを曲げたりなんだかしていた。

そのうちに、このような形で椅子を作ったらいいいんじゃない

バタフライスツール（模型）
1956年
二枚の成形合板を組み合わせた、極めてシンプルな構造。ルーブル美術館やニューヨーク近代美術館などの、永久コレクションにも選ばれている。

かっていう気がしてきてね。まあやったんですよ。最初は座る向きも九〇度ちがっていて、背もたれもあったな。あのときは、他にも箱とかいろいろ作ってみた。

だいたいそんなふうに始めることが多いね。バウハウスのデザインのやり方も同じで、ワークショップ（工房）を中心に、いろいろなものをつくってみながらデザインを考えていたんだ。

——最終的な形のイメージは、最初はほとんどないんですか。

柳　こういうもの作ったらいいなあって思うことはあるけど。でも、やってるうちに出てきちゃうんだよ。いろんな格好が出てくる。なんでも常にそうです。イメージは最初からあるんじゃなくて、徐々に変化して固まっていくんだね。その前はごちゃごちゃ。どんなものが出てくるんだかわからないよ。

藤田（スタッフ）　最初からキレイに作ろうなんてこと、誰も思っていないんですよ。紙なんかをこう曲げて、こうこうこう

いう感じにしようとか。椅子でも食器でも橋梁でも、原型みたいなものを作りながら、こういうのはどうだろうって。紙だとかなんだとか、どこにでもあるような素材で、どんどん作ってみます。

——そうした初期段階の模型は残してゆくのですか?

藤田　いや、だから。そういうのはどんどん捨てていっちゃうから、ないんですよ。

柳　そう。一番最初に考えたものが、最後まで続くってことは、まずあり得ないね。だからレンダリングとかってダメだって言うんですよ。

一番最初の、こういうのあったらいいなって思っていたものと、できあがったものとは、まったく違ってくるね。椅子だって、最低で一年くらいかかるしね。時間をかけて、最初のイメージとも変わっていくのがやっぱり本式だよ。

工場とか、作っているところに持っていってもね、ここがちょっと無駄だなあとか、こういうのはお金がかかるとかね。そういう話がいろいろ出てきますよ。場合によっては、構造も変えないといけない。だから初めっから図面描いたり、レンダリングで進めていくのなんて、どう考えたって無理だよ。まあだから、今の世間でしているデザインのやり方って、やっぱりダメだね（笑）。

——一部のデザイナーや学生は、作業を始めると同時に、図書室へデザイン雑誌を見に行ったりもしちゃいますからね。

柳　いや、だからそれはダメだよ。それはダメだね（笑）。それは本当にダメだよ。

どうしたって時間はかかる。ここではひとつのものを、だいたい一～二年かけてデザインしている。だから費用の方もかなりかかる！　だから僕らは貧乏なんだよ（笑）。それでもそういうつくり方を続けることができるのはね、まあ貧してても耐える、とでも言うか（笑）。まあ好きだからね。好きだから、どんなことしたってデザインしてたいっていう気持ちがあるから。

「デザインのためのデザイン」ではなく

「考えること」と「つくること」は、いつ頃から分離したのか。クラフトや手工芸の時代、モノづくりは比較的個人の手のうちにあり、考えることとつくることは、連続したひとつの仕事だった。

しかし建築の分野から、現場でつくる人々と、そのための設計を行う人が分かれて存在するようになる。産業革命以降、工場という生産力の登場によって、この分離にはさらに拍車がかけられた。

産業社会に生きる私たちには、非生産的な物事を排除し、生産的であることを良しとする価値観が色濃く染みついている。近代デザインはその典型だが、近代のデザイナーである柳氏がそのような心性から自由でいられた背景には、彼の父・柳宗悦氏による民芸運動の影響もあるだろう。

柳氏の話にアメリカのアートセンタースクールの話が顔をのぞかせているが、そのエピソードを少し補足したい。

アートセンタースクール（Art Center College of Design）は、世界的に有名なデザイン教育機関だ。とくに列車や乗用車など、移動体のデザイン分野に強く、日本人の卒業生も多い。同校のカリキュラムには、完成予想図としてのレンダリングやパース絵をともなうデザイン実習が多い。が、柳氏が指摘するとおり、車の魅力は色や形だけでなく、むしろ触り心地や乗り心地にある。形にしたところで、実際は三次元のカーブの連続で出来上がっているのだから、そもそも車の魅力は平面的な絵として表現できるものではない。にもかかわらず、同校のスタッフは訪問した柳氏に、得意満面で生徒たちが描いたレンダリング・スケッチを見せてくれたそうだ。

後日、同じくアメリカで開催されたアスペン世界デザイン会議にスピーカーとして出席した際、彼はアートセンタースクールでの体験などを思い出しながら、コマーシャリズムに支配されたアメリカのデザインのあり方を、思わずやや強い口調で批判した。会場は静まり返り、ほとんど拍手も起きなかったという。

宿舎に戻った柳氏が、「ちょっと言い過ぎたかな……」と部屋でうなだれていると、ヨーロッパのある大学の教授がドアをノックして訪ねてきたそうだ。「あなたのお話に共感した。私も最近のアメリカの商業的なデザインには違和感を感じている」などのコメントをもらい、この出会いが発端となって、一九六一年の一年間、ドイツの大学で教鞭をとることになったという。

どのような分野にも、技術進化の過程で起こる倒錯現象がある。目的と手段が入れ替わってしまう現象だ。一種のオタク化と言ってよいかもしれない。写真を撮るべく機材を揃えるうちに、機材を集める行為そのものが目的性を持ち始めてしまうこと。生活を支えることが目的であるにもかかわらず、建築物としての美しさや、建築誌での扱われ方に気を取られてしまう建築家。

　このような人を見かけると、私たちは苦笑するかもしれない。が、デザインにおいても経済においても、同じことが行われている。企業社会における経済活動の大半は、経済のための経済であり、より多くのお金を引き寄せるために仕事がかさねられる。しかし本来お金は、人間同士が交換している様々な価値の一時的な代替物に過ぎず、それ自体が目的ではなかった。

　目的と手段の倒錯は、あらゆる仕事で起こりうる。もちろん個人の趣味や趣向は責められるべきものでもない。ロックミュージシャンのギターコレクションはしかるべきものだし、ピアニストなら、音楽だけでなくピアノという道具そのものにも深く向き合わなければならない。しかしそれが過ぎると、あらゆる仕事の最終的な目標であるべき「人」が、疎外されてしまう。

　優れた技術者は、技術そのものでなく、その先にかならず人間あるいは世界の有り様を見据えている。

技術の話をしている時にも、必ず単なる技術に終わらない視点が顔をのぞかせる。音楽家でも、医者でも、プログラマーでも、経営者でも同じだ。

柳氏がアートセンタースクールで感じた心地悪さは、デザインが「人を幸せにする」という本来の目的を離れ、デザインのためのデザインという堂々めぐりに陥りはじめている、その無自覚性にあったのだと思う。デザインに限らず、経済のための経済、医療のための医療、消費のための消費など、目的と手段のバランスを失わない唯一の手段は、私たち一人一人が、自分の仕事の目的はそもそもなんだったのかを、日々自問することにある。

IDEOのボイルさんをパロアルトに訪ねる【1996年・夏】

「出来るだけ多くの失敗を重ねることに注力します」

IDEOは世界八カ所に拠点を持つデザインファーム。アメリカ西海岸のパロアルトがその本拠地だ。取材当時すでに、工業デザインを中心にエンジニアリングとデザイニングを統合した優れた成果をあげつづけていた。現在はインタラクションデザインや環境デザインまで、より複雑なイノベーションにとり組んでいる。

そのIDEOに、デニス・ボイル氏を訪ねた。彼はアップルコンピュータの名機「PowerBook Duo」（一九九二年）のデザイン・エンジニアリングを担当した人物である。

Duoを実際に使ったことのある人はそう多くないかもしれないが、一度でも目にしたことがあれば、鮮烈な印象を覚えているだろう。ラップトップ・コンピュータ初のドッキングシス

デニス・ボイル　IDEOシニアエンジニア。建築家の父を持ち、高校生の頃からエンジニアを指向。1978年よりスタンフォードでプロダクトデザインを教えるなど、IDEOの教育活動においても重要な役割を担っている。
http://www.ideo.com/

テム。デスクトップ機の拡張性と、ラップトップ機としての可搬性。ビデオテープのようにPC本体を吸い込むフロントローディングのメカニズム。今ではほとんど見かけられなくなった小さなトラックボールの使いやすさとそのデザインなど、すべてが愛らしく、かつ高度な機能性をともなってまとめ上げられていた。

プロダクト・デザインのプロセスは、技術面をつかさどるエンジニアリングと、造形面をつかさどるデザイニングという二つの職能の協働作業を通じて進められる。

本来この二つは、分離できる仕事ではない。にもかかわらず、企業におけるモノづくりでは、不可分なこの領域にキッチリと部門間の縦線がひかれていることが多い。

デザインしなければならないのは、モノそのものではなく、それを通じて得られる経験だ。長い期間その人気を保つカメラには、シャッターの感触が心地よいものが多い。IBMのノート型PCのキータッチはユーザーの間では熱く語り合われる有

PowerBook Duo 250

名な事例だ。色や形は、プロダクトの魅力の一部分に過ぎない。そもそもデザインとは、コーヒーカップそのものではなくコーヒーを淹れて飲むことの幸せや、車そのものでなくドライビングの喜びを対象とする仕事だ。経験をデザインするということ。五感の豊かさは、人生の豊かさでもある。

経験性をデザインしようとする時、エンジニアリングとデザイニングという二つの職能は分離しがたい。PowerBook Duoシステムは、それらが統合された好例だ。開発を手がけたボイル氏に、制作のプロセスを教えてほしいと思った。

——Ｄｕｏの開発は、どのように進められたのでしょう?

ボイル　あの仕事はアップルにとっても私たちにとっても、大きな挑戦でした。ある日彼らが来て、「私たちはすごく小さなコンピュータをつくっている。その細部の作り込みを手伝ってもらえないか」と、相談を持ちかけてきたんです。Ｄｕｏのデザイニングには、最終的に四〇〇〇万円が投入されています。

モデル制作費はその約20%。矩体のシステムは初期の数週間でまとまりましたが、細部のエンジニアリングマターに約一〇カ月が費やされました。

課題は次々にあらわれました。最初の大きな課題は、どのようにドッキングさせるかという、ジョイント部の開発でした。ホームセンターに出かけて、あらゆる種類の接続金物を入手し、接合感を試したものです。半立体のモデルをいくつもつくりながら、操作感や具合を検証してゆくのです。

ジョイントさせるためには、ある程度の力が必要です。それをレバーなどの補助的な仕組みではなく、デスクトップマシン内部の機構で実現したい。ビデオデッキのように正面からローディングされる機構が理想ですが、テープとはまるで重さが違うし、接合時の摩擦係数も異なります。小さなモーターひとつでこの機能を実現するために、ギア比をはじめ、様々な検証が必要でした。

正直に言って最初は、出来そうにない、ちょっと無理なんじゃないかと思ったんです。しかし結果的にはドッキングシステムを含み、放熱の問題など様々な壁がクリアーできた。
結局のところ、課題をクリアーしてゆく唯一の方法は、何度も失敗を重ねることでしかない。ほかに方法はありません。デザインのスキルの大半は、その仕事の進め方の中にあると僕は思う。プレゼンテーションが上手いだけではだめです。

――失敗を重ねることは、ＩＤＥＯのモノづくりに欠かせない方法論ですね。

ボイル　その通りです。大切なのは、本当の問題を発見していく能力です。表面的に目につく問題点は、より根本的な問題が引き起こしている現象のひとつにすぎないことが多い。では、問題に深くアプローチしていく方法はなんでしょうか。それは、机の上で頭を捻って問題を予測することではない。早い段階から、可能な限り具体的にテストし、トライ&エラーを重ねていくこと。これに尽きます。
このスタジオでは、エンジニアとデザイナーが約半々の割合で働いています。各自のデスクやミーティングルームのあるエリアが建物の半分を占めていて、残りの半分はワークショップ(工房)になっていますね。プロトタイプやモックアップをつくるための作業所です。私たちのモノづくりは、プロトタイピング・カルチャーと言ってもよいでしょう。

たとえばデザイナー、マーケッター、プランナーなど、様々な職種の人が集まって、商品開発のミーティングを持つとしますね。私たちのミーティングは、出来るだけ異なる職能の人材を交えて行うようにしています。三〇分ほど過ぎて、もしディスカッションが平行状態に陥りミーティングが停滞したら、私たちはその場で一度休憩を入れます。そしてその間に、デザイナーがワークショップの機材で簡単な立体模型をつくってみる。CADデータから削りだしたごく簡単な樹脂模型ですが、具体的なモノを手にしてミーティングを再開すると、言葉上の水掛け論はなくなって、より具体的で前向きなアイデアが出てくるようになります。

私たちは、小さな失敗を出来るだけ多く、具体的に重ねることに注力しています。そのことによって、限られた商品開発の期間内にデザインの完成度を上げることができる。そもそも、他にいったいどんな方法があるのでしょう。

世界に冠たるIDEOのスタッフでも、自分たちの設計に不安を感じることは多いという。しかし、早い時点で試作品をつくり検証すること（ラピッド・プロトタイピング）で、それを克服している。

IDEOを設立したデビッド・ケリーは、「頭の中で想像しているものを実際につくってみると、さらに進んだ発想ができる。開発の中で出来るだけ早い時期に試作をつくり、問題点をあげておくことが重要だ。大きな問題は後になって発見されることが多いが、開発の最終段階では試作をつくるのが難しい」、と語っている。

ボイル氏はさらに「プロトタイプをつくっても、そのテストが上手くないと駄目だ。どう上手くいったのか、駄目だったのかが判断できなければ話にならない」、と語っていた。

トライ&エラーという唯一の方法

ヘンリー・ペトロスキーによって書かれた『フォークの歯はなぜ四本になったか』(平凡社)は、失敗の積み重ねによる道具の進化史を描いた名著である。

当初は食用に焼いた肉を二本の刀で切っていた人類が、刀の先を二本に枝分けさせたフォークの原型をつくり、さらにそれを発展させてきた歴史が克明に掘り起こされている。いま私たちがあたり前のように使っている、机やトンカチ、ボタンやポケット、コップなどのデザインは、人類が長い時間をかけて重ねたトライ&エラーによる知恵の集積なのだ。

新しい世界をつくり出す新しい仕事は、新しい方法によって行われる。その最初の姿は「失敗」だ。東京大学工学部の畑中洋太郎氏は、著書『失敗学のすすめ』(講談社)において、以下のように語っている。

『フォークの歯はなぜ四本になったか』
ヘンリー・ペトロスキー　平凡社

「ほかの人の成功事例をマネすることが、成功への近道だった時代がありました。そうした時代には、決められた設問に正確な解を出す学習法が有効だったのは事実です。しかし、ほかの人の成功事例をマネすることが、必ずしも自分の成功を約束するものではなくなったのが、いまの時代です。昨日までの成功は、今日の成功を意味しません。そのような時代に大切なのは、やはり創造力です。そして創造力とは、新しいものをつくりだす力を意味している以上、失敗を避けて培えるものではありません」

早い段階の失敗は、完成度を上げるステップのひとつであり、資産である。その経験を足掛かりに、つくり手は上のステージへ登ることができる。

失敗から学ぶことで人の認識は深まり、モノは進化する。失敗は、まだ見えていない可能性を開く扉だ。しかしプロジェクトの最終段階における失敗は、単なる取り返しのつかない事故でしかない。

イタリアの経済学者、ヴィルフレド・パレートが提唱した理論のひとつに「20：80の法則」がある。パレートの法則とも呼ばれる、彼の代表的な理論だ。「20：80の法則」は社会のあらゆる活動・現象において、重要なもの20％の中に80％の成果が含まれている、という事実を指摘した。たとえば新しい仕事について、一〇冊の課題図書があった場合、重要な二冊を読むことで八割方の成果が達成できる。一〇名が参加した会議で、約二名が約八割の発言を行う。多くの企業において、二割のトップセールスマンが収益の八割をはじき出している、など。自分の経験則に照らし合わせると、決して見当はずれな数字ではなさそうだ。むしろ妥当性を感じる。

これを仕事を進めるプロセスに置き換えてみると、どうだろう。20：80の法則を、時間軸と完成度の二軸をもつグラフに置きかえてみよう。

右方向へ時間軸が進み、上に向けて完成度が上がってゆく。出発地点は左下だ（次頁下右図）。最初の20％の時間で80％の

パレートによるこの法則の発見は1987年。ヨーロッパ諸国の統計を分析した結果、社会の富の80％が20％の人々に集中しているという、所得分布の不平等を示す経験則を得た。

完成度に到達するが、その先、わずかに完成度を上げるために長い時間を必要とする段階に移行する。はじめてスキーに行った時のことを思い出してみよう。最初の一〜二回はスキーの腕がめきめき上達してゆく時間だ。しかし、数回目を迎えた頃には壁が感じられるようになり、その後はすこし上達するために、かなりの時間と努力の投入が必要となる。以前XEROX社の研究者と話を交わした際、右方向の軸は時間でなく、投入されるエネルギー量の方が適切ではないか、という意見をいただいた。そうかもしれない。

アイデアやコンセプトを抱え込んだまま、直前まで具体化しようとしないプロジェクトについては、逆の円弧をイメージすればいいだろう（下左図）。ただし、最後の20%で80%の落差を駆け上がるためには失敗は許されず、経験豊富なプロの技術が必要とされる。そこに試行錯誤の猶予は残されていない。別のいい方をすれば、失敗の許されないこの放物線を辿る時、働き手はおのずと自分の得意技、手慣れて間違いのない道筋を辿

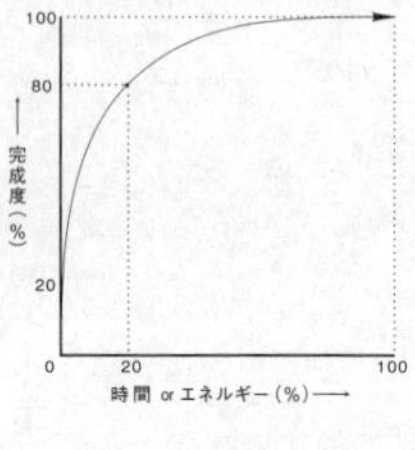

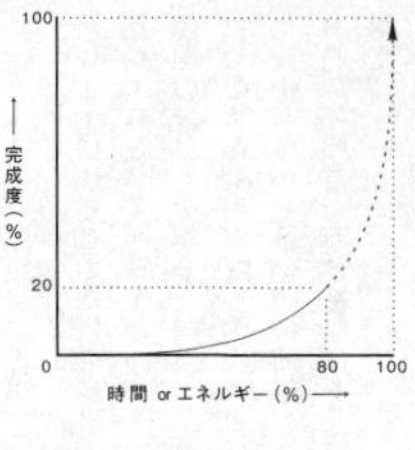

らざるをえない。

ところがIDEOに持ち込まれるデザイン案件には、既に世の中に存在するモノの単純なリファインや、焼き直しは少ない。クライアントは彼らに対して、常にイノベーションを期待している。「Palm Pilot」にしても、Steelcase社のオフィスチェアー「Leap」にしても、あるいはPrada社の試着室における情報システムも、つくりながらその完成形を模索する、無数のチャレンジが形になったものだ。

このような仕事において、旧来の経験則はそのままの形では役立たない。むしろ先入観はマイナスに働き、新しく生まれるモノの魅力をそいでしまうこともある。

IDEOの方法論は、自分たちのモノづくりのプロセスを、出来る限り先の、右のグラフの放物線に近づけることにあると思う。トライ&エラーによって開かれるモノづくり。失敗というチャンスを排除せず、むしろ意識的に呼び込み、それを足掛かりとして活かす仕事の進め方。こうしたワークスタイルが求められるのは、デザインやエンジニアリングの分野に限らないだろう。

パタゴニア社をベンチュラに訪ねる【1996年・夏】

「お互いを信用することが、私たちらしさかもしれない」

パタゴニアというアウトドアウェアの会社は、アメリカのヤッピー世代が自分たちに相応しいブランドとして製品を選んだことを通じ、現在の大きなブランドに成長した。西海岸のカウンターカルチャーにも通じるリベラリズムと、クオリティの追求による決して安くない商品価格。創業者のイヴォン・シュイナード氏の生き方にヤッピー世代は憧れ、自己を投影した。

パタゴニアの本拠地は、ロサンジェルスから海岸沿いに八〇キロほど北上した、ベンチュラという町にある。町はずれの岬にはいい波の立つサーフポイントがあり、車で数分以内に行くことができる。オフィスの受付脇に掛けられた小さな白板にはその日の波の高さがマーカーで書かれ、裏庭にはまだ海水を垂らしているウェットスーツが何着も干されていた。

以下のインタビューは、一九九七年に同社を訪ね、広報部門のルー・セトニカさんに応じていただいたものだ。

——ほかのアウトドア・メーカーと一線を画すパタゴニアらしさとは、何だと思いますか？

セトニカ　私たちが大事にしているのは、まず機能性です。人がアウトドアで、快適に楽しんで過ごせること、アウトドアに居るのが好きでいつづけられることをデザインしたい。

徹底的なテストでクオリティを高めていくことが、本物であることだと思っています。私たちは、マーケットの売れ行きに応じてデザインしているわけじゃない。それを使う人が実際に、何を求めているかに、常に関心があります。

（アウトドアに居る＝身を置くことを大事にする指向性は、パタゴニアの基本コンセプトかもしれない。それは創業者のシュイナード氏自身が何よりも前にクライマーでありサーファーであり、一年の半分をアウトドアで過ごしながら、そのなかでビ

ルー・セトニカ (Lu Setnicka)
Director of Public Affairs / Patagonia, inc.
http://www.patagonia.com/

ジネスを考え育ててきたこと。そして、それがパタゴニアの現在の成功に至っていることの自信に根ざしていると思う）

——顧客ニーズは、マーケティング部門が集めるのですか。

セトニカ　それもありますが、パタゴニアには世界に一万人近いロイヤル・カスタマーがいて、とてもオープンなフィードバックを寄せてくれています。スキー・パトロールのようなプロフェッショナルにも製品を低価格で提供し、仕事のなかで実際にどう機能したかというデータをもらっています。そして、世界中にいる七〇〇名のパタゴニア・スタッフは、常にアウトドアで自分たちの製品を使いつづけています。

ですから私たちは、自分たちの製品の品質や使い勝手について、ごく自然に興味を持ちつづけることができている。スタッフ自身によるフィードバックは重要ですよね。いろいろな方法を通じて、つくった製品が実際のアウトドアでどう機能しているかを知ろうとしているんです。

In the mid 1950's, there were very few climbers in America and virtually all of the "iron" or hardware was imported from Europe. The center of American rock climbing at that time was

――どんなスタッフが働いているのかが、パタゴニアの商品のエッセンスになるわけですね。

セトニカ　ええ、そうですね。ごく自然な成り行きですが、ここで働く人たちはアウトドアが好きです。そして会社に何かを期待している。パタゴニアで働きたいと言ってくれる方は大勢いますが、それはこの会社がしようとしていることを、皆が信じているからだと私は思います。

ワークスタイル上の特徴も考えてみましょうか。例えばここで働く人の多くは、その業務に関する経験の有無を問われることがありません。それぞれの興味に応じて、ほかの部署の仕事に移ることも多いのです。私はサンプルづくりや裁縫の仕事について、その詳細も厳しさも知りません。が、仕事をかえることを希望できます。異動先の上司がOKを出してくれれば、それを引き留める要素は基本的にありません。

このような機会があるのは、スタッフが成長していくうえで

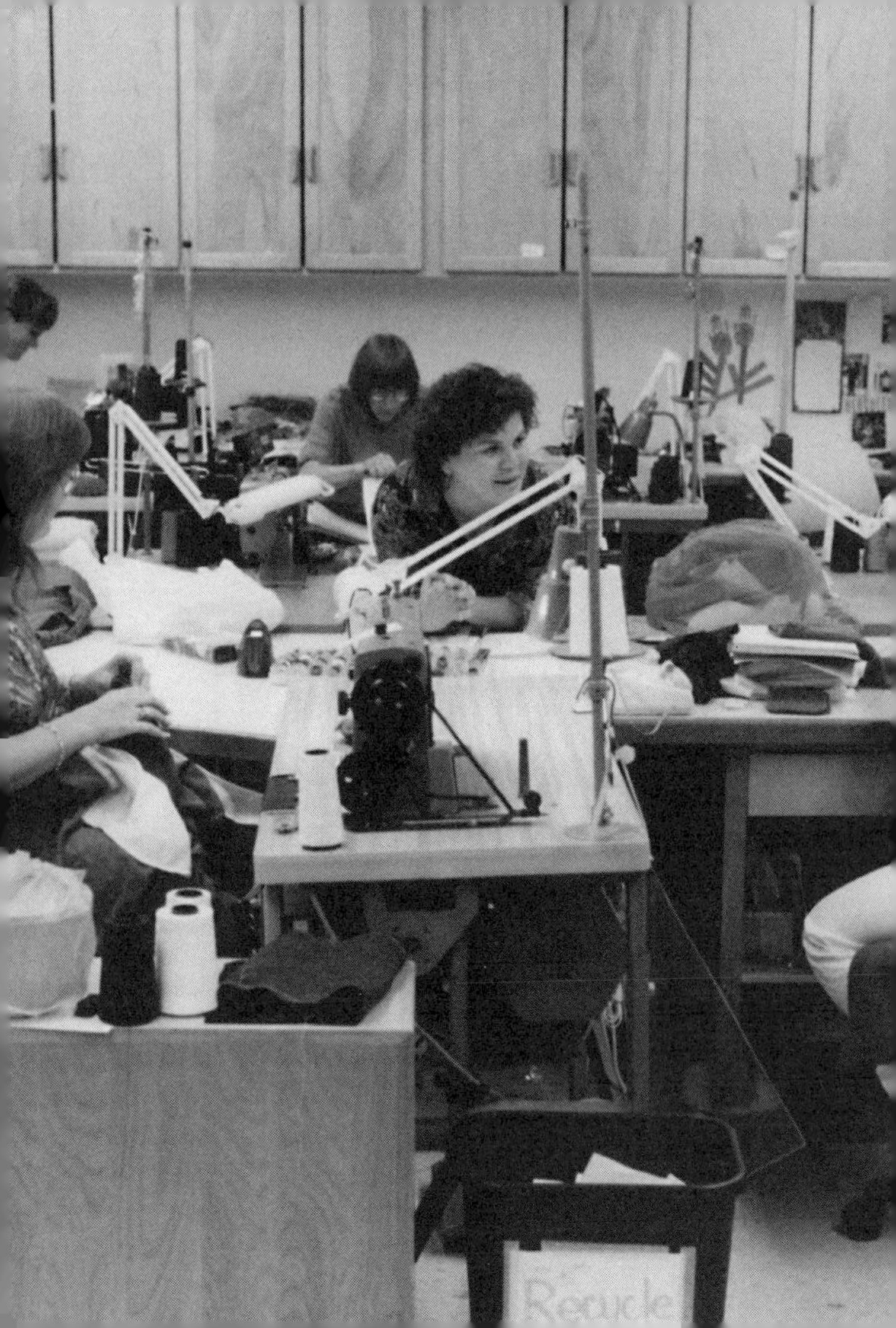

悪くないことだと思いませんか？　社内のほかの業務経験を通じて、パタゴニアが手がけているビジネスの全体像も見えてくるでしょう。自分たちの会社が何のために、どういうビジネスをしているかについても、より深く理解できると思います。

――理想的な制度ですね。流動が激しいアメリカの労働市場においても、社員の定着率はかなり高いのではないですか？

セトニカ　人によりますね。でも、ストアーや支店の勤務を希望して、世界各地での暮らしを楽しんで回っている人も多いですよ。社内のフレキシビリティはかなり高いと思います。

たとえば私たちはインターンシップ・プログラムという制度を用意していて、パタゴニアの仕事を二カ月ほど一時的に離れ、非営利組織のために働くことを奨励しています。

(Internship Program：給料とポジションはそのまま保留しながら、フルタイムあるいはパートタイムでほかの組織で働ける制度。対象となる非営利組織は、環境保護団体など、パタゴニ

アの総売上の1％から金銭的援助を受けている世界中約五〇〇のグループ。社内向けのパンフレットには「才能とエネルギーを、あなたが信じることに使おう」と書かれ、このプログラムが個人の成長と経験の蓄積に対する投資であることを強調していた）

こうした経験は、彼らがパタゴニアに戻ってからもいい方向に働くはずですよね。

——信じられない！　個人に対する大変な投資ですね。

セトニカ　そういう人の存在も、内面に蓄積された経験も、どちらも会社にとって素晴らしいリソースだと思いませんか。それに、私たちは人を雇用するけれど、その人の人生まで雇い上げているわけではありません。

スタッフ自身がアウトドアに出かけていく時間も大切です。ここでは自分の仕事に籍を残したまま、四カ月ほど仕事を離れることも可能です。アウトドアに熱中する時間は、私たちの仕事にとってあらゆる意味で重要なことですから。とても真剣なカヤッカーのスタッフがいて、彼らは北太平洋へ二カ月間のカヤッキングに出かけたんです。その間彼らの仕事は、ホールドされました。旅から戻ると社内で報告会がひらかれます。それは、私たちにとっても素晴らしい体験です。

アウトドアで過ごす時間と、仕事に集中する時間のバランスが大切ですね。どれも結果的には、パタゴニアにフィードバックされるのです。社員の大半は一年間のうち一〇カ月を仕事に、残りの二カ月をそれぞれのアウトドア・ライフに当てています。

――パタゴニアの商品が生まれてくる背景が、少し見えてきたように思います。オフィスにもそれが現れていると思いますか?

セトニカ　オープンスペースで、特定の目的以外には部屋がないことが特徴ではないかしら。パーテーションもかなり低い。だから、そこには常にたくさんのコミュニケーションと会話が

◀取材中、母親の仕事が終わるのを待つ子どもの姿を幾度も見かけた。親の席で絵を描いていたり、オフィス内を歩き回っていたり。ベンチュラの本社には育児施設が併設され、生後八週間から一〇歳まで、年齢別に約六つのクラスが用意されている。この施設に子どもを預けたくて就職願いを出してくる人もいるほど、同社のキッズ・プログラムは充実しているという。

あります。ときには、それに気を取られない訓練が必要なほどです（笑）。

ＣＥＯのイヴォンでさえ個室は持っていません。私たちスタッフの間に、まったく同じようにポンと席があるんです。ですから知らない人は、彼がＣＥＯだなんて気づかないでしょうね（笑）。そこにイヴォンがいれば、私は自分の席に座ったまま彼に話しかけられるくらいです。

私たちは、チャイルドケアをはじめ、ジョブ・シェアリングや在宅勤務など、フレキシブルワークに関する様々な制度も用意してきました。そうですね。いろんな意味で、お互いを信用していることが私たちらしさかもしれません。

二〇〇八年現在、イヴォン・シュイナード氏は会長兼オーナーである。

ドラフトの宮田識さんを東京・恵比寿に訪ねる【1999年・夏】

「できるだけ〝その人〟が出る状況をつくり出す」

使う道具の質に、多くのデザイナーは敏感だ。しかし仕事の道具はコンピュータや文具だけではない。たとえばオフィス空間や、仕事上のちょっとしたコミュニケーション習慣など。環境という方が包括的かもしれないが、これらは仕事の質に強く関わる。

ドラフトをひきいる宮田識氏は、日本を代表するアートディレクターの一人であると同時に、デザインを生み出す「現場」のデザイニングに長けた独創的なマネージャーだ。スタッフの力を十二分に引き出すことが、ドラフトにおける彼の大きな仕事である。

「僕はアシスタントは募集していない。デザイナーを雇っているわけだから、彼らにデザインをさせなければと思うわけです。

その人が光る仕事をね。

みんな、それぞれの夢や希望があって、できれば一から十までやりたいような人たちです。若い時の自分もそうだった。そんな人を迎える以上、いい仕事をさせる責任があるし、デザイナーとしての自分の立場も変えていかざるを得ない」

ドラフトは請け負ったデザイン業務の範疇を越えて、クライアントと徹底的に意見やアイデアを交わし合う仕事ぶりでも有名だ。

「打合わせで僕は一種のホラを吹くわけです。そのホラを実現しなければならないが、自分の手にはある。そこで、スタッフひとりひとりの中から、できるだけいい能力を引き出す必要があるわけです。

その人が持っているもの、ちょっとした光っている部分に気付いて、ポッと焦点の合った仕事を与えると、人はかならず成長する。与えることが大事なんです。そんな時は、いくらでも平気な顔で働いているし、時間の使い方や他人との兼ね合いに

宮田識　1948年生まれ。日本デザインセンターを経て、78年宮田識デザイン事務所（現、ドラフト）設立。95年「D-BROS」をスタートさせプロダクトデザインの世界に参入する。代表作に、日本鉱業、横浜ゴム（PRGR）、モスバーガー、ラコステ、キリン一番搾り、キリン淡麗、ブライトリング、ウンナナクール、キリンビバレッジ「世界のキッチンから」、など。主

ついての感覚も、もう僕の手を離れて成長していきますよね」

広告デザインの仕事は、作業量とその複雑さからしても、スタッフ一人一人が能力を出し切って動かなければ成立しない。めいめいから引き出すべきもの、引き出すべき能力は、どのように見つけだすのだろう。

「突然わかるんですよね。ちょっとした行為から。みんな何かを隠して生きているけど、それがパッとバレちゃう瞬間ってあるじゃないですか。

だからたまに付き合っているだけではダメで、つねに横で触れていないと気付かない。机の上を眺めていてもわからないし、きれい事を言ったところで本心は語ってくれない。それはデザインに出ていることもあるし、返してくる言葉や、仕事のまとめ方に出ていることもある。だから、できるだけ〝その人〟が出てくるような状況をつくり出すんです。

たとえば怒鳴りつけることで、相手がどんな態度を示すか見せてもらうとか。これは半ば芸ですが、最近は芸であることが

な受賞歴として、朝日広告賞、準朝日広告賞、東京ADC最高賞、グッドデザイン賞審査員特別賞、日本宣伝賞、山名賞など、多数。
http://www.draft.jp/
Photo：OZAWA Yoshihito

バレていてあまり有効でない。別の手を考えないと（笑）。いずれにしても、その人が持っている能力に気付かずダメにしてしまったら、俺の失敗ですよ」

人が成長するしくみ

つねにデザイナーたちのそばにいて、言いたいことを言い、言わせたいことを言わせる。こうした宮田氏のスタイルは、ドラフトのスタッフが二〇名ほどの頃には徹底できた。が、四〇名にもなると到底無理だという。そこにはまた別の〝仕組み〟が必要だ。

「たとえばクライアントと担当者全員で、年に一〜二回、合宿をしています。来年はどうしようって、将来の話だけをする。そんな機会があると、どのスタッフも自由に意見が出せるし、立場的に低い人も喋らざるを得ない。すると、クライアントやカメラマンからその場で意見が返ってくるから、挫折したり、時には自信を得たりしますよね。そんな中でそれぞれが勝手に

Photo：OZAWA Yoshihito

育っていく。

賞をいただいた時には、なるべく打ち上げをします。五時頃から誰もオフィスにいなくなって、毎回無礼講ですよ。そこにはコピーライターも来るし、ドラフトの卒業生もやって来る。わーわー一緒に喋りながら先輩から怒られたりもする。ずい分、長い間続いていますが、暮れに、二〇〇人規模のパーティを開きます。うちのスタッフがホストとホステス役。みんな一張羅を買って頑張っておもてなしする。こうしたことを、ドラフトでは公の行事にしています。僕がじかに接しなくても、こうした中でみんな成長できる。そんな経験の場をつくることが大切なんです」

オフィス空間にも、また別の〝仕組み〟がある。

「建物のプランがくの字型になっているので、別のフロアーや部屋の様子が、つねになんとなく見えている。そういう物件を探したんですよ。スペースも区切らずに、なるべくオープンにする。それぞれの空間が閉じていると、お互いが見えなくなっ

Photo：OZAWA Yoshihito

て、人の仕事をのぞき込んだり、口出しできない関係が生まれてしまう。『ちょっと教えてよ』『どっちがいいと思う？』っていう関係を互いに維持するには、やはり空間のからくりも要るんです」

〝ファシリテーション〟というマネージャーの仕事

宮田氏の肩書きはアートディレクターだ。しかし、その動きをうかがっていると、ファシリテーターとしての色合いが強く感じられる。

ファシリテーターとは、【Facilitate：容易にする、促進する】という言葉のとおり、トップダウン型のリーダーシップやディレクションとは異なる、支援者的な存在を指す。スポーツ選手に対するコーチは、その分かりやすい一例だろう。

先のパタゴニアにしても、宮田氏のドラフトにしても、規模の違いこそあれ、自社が抱えるスタッフという資源に力を与えそれを育むことを強く意識している。強力なリーダーが存在し、

Photo : OZAWA Yoshihito

そのディレクションのもとに動く中央集権型のチームよりも、目的を共有した自律分散型のチームの方が柔軟性に富み、変化への対応力にも長けている。サッカーやジャズ・セッションのようなものだ。

ファシリテーターという職能は、これまでおもにワークショップの分野で成長してきた。ワークショップとは、教え／教えられるといった主従関係のもとに行われる旧来の教育と異なり、参加者ひとりひとりの主体性を軸に、あらかじめ決められた答えのない課題について、体験的に学び合う場をいう。

しかしこうした場も、ただ主体的な人々が集まれば自然にうまく運営されるかというと、決してそうではない。明示的にであれ暗示的にであれ、指導や管理ではなく、ほどよくファシリテイトする存在が欠かせない。よいミーティングやモノづくりの現場には、かならずこの役割を担う人が存在している。あるいは集まった人々のうちの何人かが、互いにその役目を担い合っていることが多い。

ファシリテーターは、これまでのリーダーやディレクター像にかわる、これからのプロジェクト・マネージャー像を提供してくれているように思う。

いまは長い時間をかけて、社会があたらしい課題を探している時期だ。モノがあること、あるいはお金があることが豊かさでないことはわかってきた。では次に目指すべき豊かさは、どこにあるのだろう。

日本における欧米社会キャッチアップ型のモノづくりは、ある頃から品質面で彼らを追い越し、さらにいまはアジアの他国に追い越されようとしている。何をつくればよいかが明確だった時代には機能した日本型の高品質な生産システムも、いまはある意味で負の資産と化している。その力で何をつくればいいかが、わからないのだ。

結果として市場には、過去の焼き直し、あるいは誰も望んでいないような新機能を追加した新商品が次々投入され、あきらかな飽和状態を呈している。糸井重里氏は八〇年代末、西武デパートに「ほしいものが、ほしいわ。」というコピーを寄せていた。単にモノが欲しかった時代があり、品質のいいモノを求めた時代がつづき、他の人と違うモノが求められた時代になり、経済的な成長とともに変化した人々の所有欲求は飽和し、禅問答のようなコピーが百貨店に添えられて久しい。

日本の余剰生産力は、現在五〇兆円に膨らんでいるという。つくるべきものが明確な時代には、優れたリーダーシップと勤勉な働き手がいればよかった。しかし、そうでない時代に入っているのなら、次の時代を探し出し、形にしてゆくための、新しい人材と方法が必要だ。

「自分で考えなさい」ということを教える

CMやヒット曲、ゲーム、映画、そのほか様々なプロジェクトのプランナー／ディレクターであり、ジャンルを越えたモノづくりを手がけつづける佐藤雅彦氏は、慶應義塾大学・環境情報学部の教授でもある。従来の仕事のかたわら、週に二日湘南

2008年現在、佐藤雅彦氏は東京芸術大学大学院教授。

台のキャンパスへ通い、長年のテーマである教育に力を注ぐ。

「考え方を考える、ということを教えています。法学や経済学のようにある程度出来上がっている学問なら、優れた教科書を紐解けばいい。しかしSFC（慶應大学湘南藤沢キャンパス）のように、あたらしく変化の大きな学問を教える場では、『自分で考えなさい』ということを教えるしかない。

僕は、電通や広告の学校でも、ずっと〝つくり方をつくる〟という講義をやってきました。その辺りが、すごく一致したんです。目の前に何がきても対応できる、根源的な考え方を持たせよう、ということです」

講義で佐藤氏は、階段教室を埋める五〇〇名の学生たちに、「何を凄いと思うか、何を美しいと思うか。そういうことは、人に教えるものではないし、教えることのできないものです。自分はいま、その後のことを教えています」と語りかけていた。

一人一人が自分の個人的な感動を、モノづくりにつなげてゆくための方法論だ。「あらかじめ用意された答えはない」ということを、学生たちにハッキリと伝えている点が素晴らしいと思う。

僕もいくつかの大学で教えているが、学生たちと話していると、「好きなことをやっても食べていけるんですか？」「必要とされるんですか？」という具合に、社会的価値をめぐる約束をあらかじめ取り付けたいような、そんな不安がにじみ出た質問を受けることがある。が、ハッキリ言って、あらかじめ意味や価値を約束されている仕事など、どこにもない。

建築家になればいいわけでも、医者になればいいわけでもない。肩書きは同じでも、意味のある仕事をしている人もいれば、まるで意味の感じられない仕事をしている人もいる。「これをやれば大丈夫！」というお墨付きを求める心性は、年齢差に関係なく分布しているようで、これらに出会うと本当に途方に暮れる。

イタリアのモダンデザインを代表するつくり手の一人、ブルーノ・ムナーリは、ミラノを拠点とするダネーゼというブランドと様々なプロダクトを生み出した。

ダネーゼにおけるムナーリの活動の柱のひとつに、「子どものためのプロダクト」があった。日本では知育玩具と称されるこれらのプロダクトにおいて彼が大事にしていたのは、「遊びのルールがないものをつくる」ことだった。遊び方があらかじめ決められている玩具ではなく、それを手にする子どもが「自分で遊び方をつくるもの」をつくることを、彼は何よりも大切にしていた。

日本の算数教育では、4＋6＝□という形で設問が用意される。が、海外のある学校では、

□＋□＝10

という設問で足し算を学ぶという話を聞いた。□の中の組み合わせは自由であり、自分で考えるしかない。それは整数でなくても良いし、＋や－をはじめ、それこそ限りない組み合わせが考えられる。このとき生徒から出てくる質問は、「先生ならどうする？」だ。あらかじめ用意された答えを教える教育と、

『Libro illeggibile MN1』
ブルーノ・ムナーリ（Bruno Munari）

それを解く力を育もうとする教育の違いが、ここにもある。

佐藤氏はこうも語っていた。

「世の中でいちばん難しいのは、問題をつくることです。万有引力の法則におけるニュートンの林檎のように、問題の凄いところは、出来た瞬間その先に答えがあること。それをつくり出すのは、本当に難しいことです。その力が大学生にあるかといえば、残念ながらまだでしょう。

それでも〝問題をつくる〟という段階に入ろうと思います。『それはいい問題だ』『それは誰も考えなかった問題だね』と僕が思えるものを、彼らに持ってきてほしい」

心臓のチャックをひらく

イタリアのメーカー「アレッシー」は、一九九〇年から世界各地でデザインワークショップを開催している。プロジェクトの中心人物はラウラ・ポウリノ。チェントロ・ステュディオ・アレッシーのデザイン・ディレクターだ。彼女は同社の商品群のうち、若い世代のデザイナーとの商品開発を一手に手がけている。

このワークショップは世界各国のデザイン教育機関で開催され、九七年には東京・都立大のＩＣＳカレッジオブアーツで一週間のワークショップとして開催された。参加費三〇万円という高いハードルを越えて、企業や学校から一三名のつくり手が参加した。

僕は初日と最終日をふくむ三日間、その現場を取材で訪れた。興味があったのは、アレッシーによるワークショップの進め方だ。デザイン技術を教えることが主目的ではない。同社のデザイン文化を人々に伝える意図もあるが、ポウリノの中心的な目標はアレッシーの次の商品イメージを見つけ出すことにあり、参加者もそれを心得ている。ここで行うデザイン提案は、アレッシーの商品ラインナップに加わる可能性を秘めているのだ。したがって、教わるというより胸を借りるような、一種挑戦的な雰囲気も感じられる。

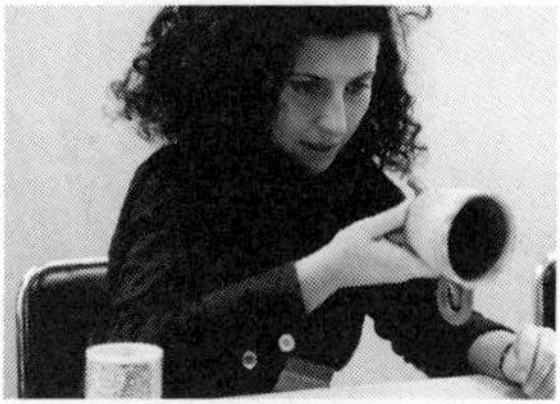

ラウラ・ポウリノ　アレッシー社のデザイン戦略を担う、チェントロ・ステュディオ・アレッシーのディレクター。同社の洗練されたデザインに、愛らしさを軸にしたデザインスキーム「Family Follows Fiction」を加え成功させた。

ワークショップは、ポウリノによるスライド・レクチャーから始まった。同社が手がけてきた商品と文化的背景、そして彼女が任されているプロダクトの事例をおさらいした後、今後アレッシーが追求したいコンセプトが抽象的な数枚の写真で紹介された。そしてこの日の夕方から、早速一対一の個別ミーティングが始まった。

翌日からは、各自が持ち寄ったデザインスケッチによるアイデアのプレゼンテーションとディスカッション。家庭用品なら、どんな提案でも構わない。彼女の対応は真剣で、通訳者を挟んだコミュニケーションを端で見ているだけでも、熱意がひしひしと伝わってくる。三日目になっても、進めるべきプランのGOサインを得た人はまだいなかった。多数の参加者と渡り合いながら、よくこの集中力が持続すると感心する。欲しいもの・欲しくないものに対する彼女の線引きは明確で、どのアイデアにも必ずハッキリとした態度が示される。そして望ましい成果が出た時には、本当に嬉しそうな気持ちが、彼女の全身から溢

アレッシー　イタリアおよびモダンデザイン界を代表する、老舗のキッチンウェアメーカー。http://www.alessi.it/

れ出るように表されていた。

最終日のプレゼンテーションも終わり、提示されたデザインのいくつかは、アレッシーの商品として検討されることになった。一週間ほど間をおいて参加者にインタビューを行ったところ、みな口を揃えて「ラウラに力を引き出されてしまった！」と言う。もちろん力を出し切った人たちの、満足気な笑顔付きで。彼女は、彼らのエネルギーをどのように引き出したのだろう。最終日のプレゼンテーション直後、すこし高揚気味のラウラ・ポウリノにインタビューしてみた。

ポウリノ　このワークショップの目的は、あたらしいリサーチの境界線の開拓と、若い才能の発掘にあります。ですから私は、学生だろうと企業のデザイナーであろうと、一切の区別をしていません。

どんな状況や背景の中にいる人からも、クリエイティビティを引き出せることが私の方法論のいいところです。私には、人

の才能を引き出す才能があることを自負しています。

——アレッシーへの作品の売り込みは沢山あると思います。それに加えてこのワークショップを開催する意図は？

ポウリノ　確かに沢山あります。郵送物も電話も多い。でもそういうのには興味がありません。彼らは自分が良いと思った、完成したデザインを提示してくる。でも私は惹かれないの。私は自分の欲しい方向性で、若い才能を結集したい。まだなんの色にも染まっていない人たちとワークしたいのです。

——あなたが、人の創造性を引き出す自分の力に気づいたのは、いつ頃ですか？

ポウリノ　いつ気づいたのかはわからない（笑）。アレッシーで働く前に一〇年間、劇場でも仕事をしてきたんです。現代舞踏をやっていて、女優を演じたこともある。衣装も振り付け師もやっていました。裏方から舞台装置から、まさに人々のクリエイティブな力をすべて集めてつくり出されるのが劇場という空間です。みんなのエネルギーを最大限に、オーラのように引き出す。その素晴らしさに感動しながら働いていた。そういう方法で仕事をするのが好きなんです。

私はね、いいデザインに自分の名前を付けて出すことには興味がない。自分自身がデザインをするとか絵を描くのではなくて、みんなの力、社会性のある普遍的で大きなテーマ、社会の内側から社会そのものを変えてゆくような集団のクリエイティビティに興味があるの。

――人から引き出すノウハウを教えてもらえませんか。

ポウリノ　できるだけ自由に、自発的に仕事をしてもらうこと。そして逆説的であること。その仕事の価値や意味を問い続けること。不可能に思えてしまうようなことを提案して、オープンにフレキシブルにね。

みんな最初は心臓のチャックを閉じている。だからメンタルなプロセスを経て、まず心臓のチャックを開けてもらうこと。限界を課させないで、極限までいくこと。

力を引き出す

聖マーガレット生涯教育研究所（ＳＭＩＬＥ）の西田真哉氏は、環境教育の現場に体験学習法を導入してきたキーパーソンであり、日本有数のファシリテーター養成家の一人である。現在は国立赤城青年の家の所長として環境教育やワークショップ分野の拡充に奔走しながら、ＳＭＩＬＥのスタッフたちとともに、Ｔグループ（トレーニンググループ）という一週間のプログラムを開催している。グループワークを通じて、参加者ひとりひとりが互いの自己認識・発見を重ね、みずから成長してゆくことを支援する場だ。

米国にSchool for International Training（ＳＩＴ）という大学院があり、国連やＮＧＯなどの国際機関で活躍するリーダーの養成プログラムを提供している。SITでまとめられたというファシリテーター一〇カ条（原訳・南山短期大学・星野欣生教授）に、西田氏が若干のアレンジを加えたものがあるので紹介したい。

（1）主体的にその場に存在している。
（2）柔軟性と決断する勇気がある。
（3）他者の枠組みで把握する努力ができる。
（4）表現力の豊かさ、参加者の反応への明確さがある。
（5）評価的な言動はつつしむべきとわきまえている。
（6）プロセスへの介入を理解し、必要に応じて実行できる。
（7）相互理解のための自己開示を率先できる、開放性がある。
（8）親密性、楽天性がある。
（9）自己の間違いや知らないことを認めることに素直である。
（10）参加者を信頼し、尊重する。

（『ワークショップ』中野民夫、岩波新書より）

「教える」場合には、教師役が答えないし方法を既に持っていることが前提となる。が、自分にも出来ないこと、やったことのないことについて、それを実際に行う人がやり方を編み出すのを可能にするのが、ファシリテーションやコーチングの特徴だ。

これまでに紹介してきた、パタゴニア社のマネージメント・デザインや、ドラフトの宮田識、佐藤雅彦、ラウラ・ポウリノといった人々の存在が、この一〇カ条すべてにあてはまるかどうかはわからない。彼らとともに働いたことはないので、そこまでは知らない。だが、働き方について少し話を交わしただけでも、かなり多くの符合は感じられる。少なくとも、その場に関わるワーカーや参加者のエネルギーが、彼らの存在を通じて生き生きと引き出されているのは明らかだ。

人が力を引き出されるには、どのような他者の在り方が求められるのだろう。「褒め上手」であることが欠かせないとよく言われる。が、果たしてそれだけだろうか？

野口整体の創始者・野口晴哉氏の著書に『叱り方・褒め方』

（全生社）という本がある。叱ることの難しさと、それによって拓かれる人の心の在り方について書かれた一冊だ。叱るにせよ褒めるにせよ、それは相手に一歩踏み込む行為であり、その時私たちはその人に対する責任を問われている。またそれが、踏み込む側の自我の誇示として行われる場合には、褒めても叱っても、人の心を拓くことはない、と彼は説く。

萎縮していては力を発揮できないから、安心して肩の力を抜ける環境づくりは必要かもしれない。褒めることで、勇気や自信を持つきっかけを与えることも、多少は出来るかもしれない。しかし、自信とは文字通り自分を信じることであり、本来的に他人から与えられるものではない。本人が自分自身で抱くものでなければ、継続的な力の源泉にはならない。

セルフエスティームという言葉がある。日本語では「自尊感情」と訳されることもあるが、プライドとは少しニュアンスが異なる。「自分自身が好きで、自信があり、その自分を大切にできる」といった意味を持つ言葉だ。「自己肯定感情」と訳してもいい。この感覚を本人が育むために、第三者には何が出来るのか。

それは「あなたには価値がある」と口で言うことではなく、その人の存在に対する真剣さの強度を、態度と行動で体現することだと僕は思う。

いまは癒しの時代だそうで、誰もが癒しを求めているというが、本当にそうだろうか。むしろ、どのように燃焼させればいいのかわからないエネルギーの存在を感じる。

たとえば買い物は、もっとも手軽で簡単なエネルギーの燃焼方法だ。狩猟なき時代の仕事、とでも言えばいいだろうか。別段必要なものがあるわけでもないのに、ちょっとCDショップに寄ってみたり、読みかけの本が家に沢山あるのに本屋をのぞいてみたりといった経験は誰にでもあると思う。これは何かを見つけだし、そのためにもっているお金を支出するという形で行われる、エネルギーの燃焼である。

齋藤孝氏は『「できる人」はどこがちがうのか』（ちくま新書）の一部で、人間存在のエネルギー問題に触れている。いわく、人は誰もが高いエネルギーを内側に抱えている。それは子どもや青年だけでなく、高齢者も同じであり、問題はそれをうまく昇華させるチャンネルがないことにある。内在的なエネルギーをよい形で燃焼させている人々はいきいきとしているが、出来ない人は別の歪んだ形でそれを処理せざるをえず、結果としてキレやすい若者のような現象が生まれているというものだ。氏はつづけて、何かを学び・会得してゆく「上達」のプロセスは、人のエネルギーが最も理想的に昇華される活動であり、それゆえに上達論についてまとめたいと考えたと述べている。

性善説的な響きが強すぎるかもしれないが、私たちは少しでもいい形で働き、いい仕事をしたいというエネルギーをもつ生き物ではないだろうか。働くことそのものに、手応えと喜びと、自身の存在価値を見いだしたい生き物。ギリシャのコス島で、門弟に医学を教えていたヒポクラテスは、人が健康になるための条件として五つの柱をたてていたというが、その第一項は「仕事を与える」だった。

仕事は自分をつくり、自分を社会の中に位置づける、欠かせないメディアである。他者に必要とされ認められ、自分に自信が持てるいい仕事をしたい私たち。そのマネージメントは、ファシリテーションという技法に学ぶところが大きい。

そもそも、あらゆる創作（クリエイション）には「力を引き出す」側面が強くある。風景画を描くことは、風景の中にある力を引き出してキャンバスに定着させることだし、写真もこのニュアンスに近い。

彫刻家はよく、石や木の中にすでにあるものを削り出すのだと口にする。料理の上手い人は食材との対話が豊かで、素材の「持ち味」を引き出すことに腐心する。整体師や東洋医学の先生は、人があらかじめ持っている潜在的な免疫力や自己治癒力が機能するように身体を整えることがその仕事であり、治すのは本人なのだと口を揃える。

これと同じように、人の力を引き出し、内部のエネルギーが昇華する支援を行うプロジェクト・ファシリテーションのセンスと技術が、より多くのマネージャーの間で共有されるようになるといい。

現在、ビジネス関連の書籍売場には、コーチングやファシリテーションの技法書が山のように積まれている。間違えてはいけないのは、これらが新しい創造性管理の技法ではないことだ。ファシリテーションは、より効果的に働かせるためのテクニックではなく、働き手自身がよりよく「働く」こと、それを可能にする支援技術である。

仕事の主体は「働く人」本人。であるにもかかわらず、その働きがまるで他人事のようになされてしまう、そのような仕事や働き方の構造に、そもそも根深い問題があるのだろう。

先の一〇カ条に戻ると、ポイントは西田氏が加えたという、「参加者（働き手）を信頼し、尊重する」にあると思う。この一点を省いた瞬間、ファシリテーションの技法は、暗に行われる支配や誘導の技術になりかねない。

小林弘人さんを東京・お茶の水に訪ねる【1996年・冬】

「ワイアードでは人も仕事の進め方も組織も、すべてを変えてつくった」

設計を終えてから、組み立てるもの。つくりながら、形を探してゆくもの。モノづくりを大きくこの二つに分けると、前者の代表が工業製品や建築物。そして後者は粘土による造形だ。では、雑誌づくりは？

小林弘人氏は一九九四年から、アートディレクターの佐藤直樹氏らと「ワイアード」（米国西海岸に本拠地を持つ「WIRED」誌の日本語版）という雑誌をつくっていた編集者だ。

この雑誌は、コンピュータを軸とする生まれたばかりのデジタル技術を、技術でなく文化の問題として扱うことを目標としていた。新製品の紹介記事で埋め尽くされた退屈なパソコン誌の有り様は、日本に限った話ではない。そうした雑誌群の中で、あたらしい社会の在り方を探しつづける「WIRED」の姿勢は、ラディカルなエディトリアルデザインと併せて、強烈な印象を世界中に与えていた（ちなみに現在の「WIRED」は大手出版社に買収され、サンフランシスコの編集部にも創設時の「WIRED」スタッフはほとんど残っていないという）。

小林氏はその初期の「WIRED」編集部に乗り込み、日本語版の権利を手に入れた。氏は後年、「サイゾー」という雑誌を創刊したが、そこで展開されている芸術化された噂の真相的ジャーナリズムの多くは、ワイアード・日本版で実験され開発された技だ。記事の面白さもさることながら、グラフィックデザインの絡み方が絶妙。歌詞とメロディが別々にあるのではなく、その二つが溶け合った音楽のような印象が感じられる、希有な雑誌だった。どんな人たちが、どんな働き方の中でつくっているのか。当時の編集部に、小林氏を訪ねた。

「これまでいくつかの出版社に関わりながら、疑問に思うコトが多くて。新しい雑誌が創刊されても、編集部という箱が変わ

小林弘人 1965年生まれ。92年、同朋舎出版に入社し、書籍部で『絵で見る英和大図鑑 ワーズ・ワード』などを手がける。94年、日本版ワイアードをスタート。デジタル社会におけるジャーナリズムを目指す。インフォバーンを設立し、雑誌「サイゾー」を発行。ITとメディアの融合による各種メディア事業を展開している。
http://www.infobahn.co.jp/

るだけで、その中にいる人も仕事の進め方も、組織もまるで変わらないケースが多かった。常々おかしいと感じていた点を、ワイアードでは考え直したかったんです。

たとえば、いまの雑誌作りはすごく分業化されています。分業制そのものは合理的な方法論ですけど、現状は各領域が特化し過ぎて、逆に弊害の方が目立っている。デザインを例にあげると、その部分はアートディレクターに任せっきりになることが多いけど、本来デザインは〝編集〟の仕事の重要な一部分です。中身を編集者がつくり、その体裁をデザイナーにラッピングしてもらえばいいってものじゃない。どちらが主役でもなく、両者でワイアードを作っていく必要がある」

彼らは、デザイナーを編集部内にインハウスで抱えていた。アートディレクターの佐藤直樹氏とその他数名のデザイナーは、編集者と同じ部屋に同じ机を並べ、壁一面にデザイン中の各ページを貼り出しながら作業を重ねていた。

洋雑誌はともかく、雑誌編集部にデザインチームが同居して

ワイアード・日本版
1995年3月号

いる例は、僕が知る限り極めて少ない。日本の出版社の雑誌づくりにおいては希な例で、小林氏は版元の会社を説得するのが大変だったという。

そうした働き方の選択が、内容ととけ合ったデザイン、歌詞とメロディが分離していない音楽のような誌面構成、素材をさわりながら形を探してゆく粘土造形のようなモノづくりを可能にしている。

しかし単に、同じ場所に編集者とデザイナーが居ればいいわけではない。

「デザイナーにも筆記試験を用意したんです。『自分がワイアードの記者だと仮定して、四〇〇文字以内の記事を書きなさい』って。文章が苦手だからと、絵コンテを描いた人もいました（笑）。でも僕は、デザイナーにも論理を構築する力が必要だと感じていたし、編集者とすれ違わずに切磋琢磨できるようなチームをつくりたかったんです。

実際にやっていて感じるのは、コンセプトや編集方針よりも、小さくて具体的な工夫の積み重ねが、このメディアを成立させ

Nintendo64

DIGITAL LIGHTS

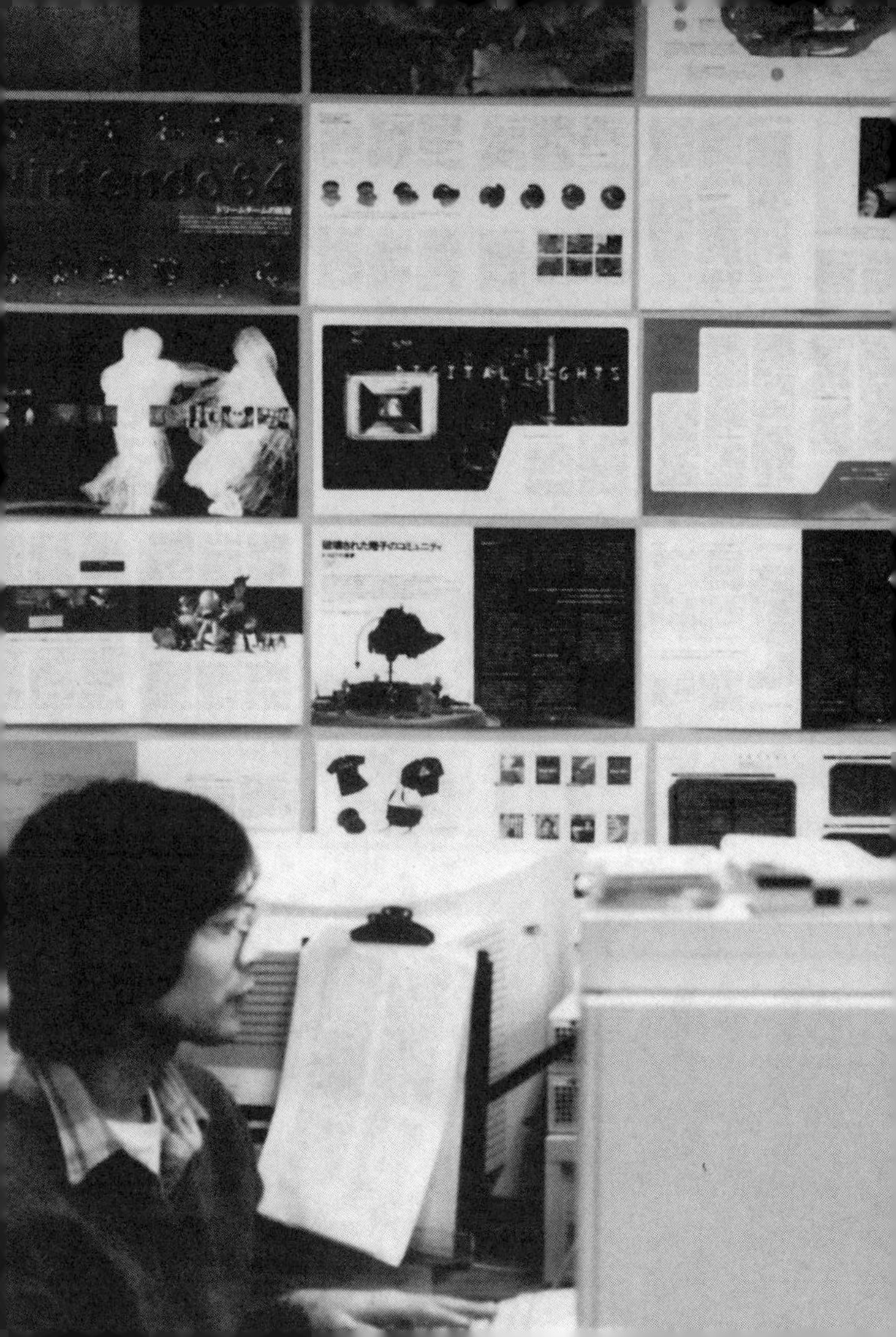

WIRED
WIR
[ワイアード]
あなたが日
の通信につ
て知ってい
ことはすべ
間違いである
JOBS
ブライアン・イーノ
マッキントッシュ
日本を繋
インターネット
12

ていることです。たとえばそれは〝組織〟ですよね。一般的に出版社の雑誌編集部には兼務で働いている人もいる。でも僕らは、ワイアード専用のチームです。そういう部分にこだわった。また雑誌というメディアづくりは、編集とデザインだけで語れるものではない。営業だとか、読者には見えないフェーズまで含めた、十次元くらいのモノづくりだと思うんですよ。複数のディメンション（次元）が絡み合って、その結果、いちばんバランスの取れた部分が提示される。

でも残念ながらこうした奥行きを抜きにして、編集とデザインなどといった、せいぜい二次元くらいのレベルで考えられてしまうことが多いんですよね」

やり方がちがうから結果もちがう

小林氏が語る十次元の構造を持った雑誌づくりの、具体的な中身はなんだろう。この取材を行った頃の自分は、一歩踏み込んだ質問が出来なかった。いま手元に残っているのは、「小さくて具体的な工夫の積み重ね」という言葉だ。

「ワイアード」は、完全なDTP（Desk Top Publishing）による雑誌づくりのパイオニアでもあった。編集長の小林氏とアートディレクターの佐藤氏の他に、もう一人の重要なコアメンバーとして深沢英次氏という人物がいた。彼の役割は、テクニカルディレクター。コンピュータによるデザイン／プリプレス／編集作業の技術的なサポートと、全体のシステム管理という、日本の雑誌づくりにおいて、おそらくはじめての職能だった。

DTPによるデザイニングは、設計（デザイン）と製作に分離されてきた近代のモノづくりを、それ以前のクラフト的なモノづくりに立ち返らせ、全体像のあるモノづくりを可能にした。が、それは同時に、これまで印刷工場の職人さんが人知れず調整してくれていた細部の作業負荷を、編集部がみずから抱え込むことも意味している。深沢氏を三本柱のひとつに据えた背景には、コンピュータが、自分たちの新しい雑誌のつくり方を可能にするキーテクノロジーであるという確信と責任感があったのだろう。

写真や文字原稿などのすべてをデジタルデータで扱うDTPは、ネットワークの回線が太いことを前提条件に、離れて働くこと、つまりテレワークやモバイルワークを可能にする。当時、デジタル革命を謳い上げる人々には、「これからはどこでも働ける、直接会わなくてもよい」といったビジョンを朗々と語る人が多かった。しかし小林氏は、直に会うこと、場所を共有することの重要性を、当時から繰り返し口にしていた。

「DTPによるコストダウンは実質的なメリットですが、あくまで副次的な結果にすぎません。大事なのは、ひとつのコンセプトをうまくシェアしながら、〝ワイアードとは何か〟を具体的に提示し続けていくことです。ちゃんと一から、全員が付き合っている関係でね。

それには、やっぱり場所を共有していくことが重要です。その意味では、これはチーム性の仕事なんでしょう。スタンドアローンの仕事では決してない。やっぱり雑誌づくりというのは、

F1チームのようなもので（笑）。メカニックがいて、全体の進行指揮をする人がいて、みたいな。ひとつのファクトリーというか、場所を中心に据えていかないと難しいんじゃないかな。アトモスフィアっていうか、言葉にできない部分。士気のようなものが、デザインワークの重要な要素だと思います。

雑誌やデザインというのは、やはりその時代を常に反映するものだし、作っている人たちの熱意が何よりも大事ですよね。それは誌面にも出てくるんじゃないか。僕が好きだった過去の雑誌からは、そういうものをいつも感じていたし、後からそれらを手がけていた人たちに話を聞いても『お金なかったけど、泊まり込みでやっていたなー』みたいな言葉をよく聞く。

こういうデザインチームの運営は、バンドに似ていると思うんです。ギターがいてドラムがいてという具合に、互いにパートの違うメンバーが集まって、一緒にスタジオに入って、バンッて音を合わせるっていう（笑）。でも現在の多くのレコーディングは、スタジオミュージシャンがひとりで個室に入って、音源として録って、後で重ね合わせてっていう分業制なんですよね」

彼が憧れ、目指していたものは、1+1が単に2ではなくそれ以上になるモノづくりだ。そしてその具体的な方法を、「ワイアード」で一気に試していたのだと思う。

同じメンツ、同じ環境、同じ仕事の進め方で、結果だけを革新的に変えることは出来ない。これはとてもシンプルな事実だ。ここまでに見てきた人々の働き方にも、明らかな工夫が随所に施されている。

むろん奇跡や偶然は起こる。むしろ、重要なことの大半はおもに偶然起こると言ってもいいだろう。条件が揃っているようには見えない〝にもかかわらず〟、それを呼び込む才能や運に長けた人々は確かに存在する。が、その偶然性を生かせる働き方もあれば、気づくことすらない働き方もある。

いずれにしても、やり方がちがうから、結果も変わるのである。

2 他人事の仕事と「自分の仕事」

仕事を「自分の仕事」にする

働き方を訪ねてまわっているうちに、その過程で出会った働き手たちが、例外なくある一点で共通していることに気づいた。彼らはどんな仕事でも、必ず「自分の仕事」にしていた。仕事とその人の関係性が、世の中の多くのワーカー、特にサラリーマンのそれと異なるのだ。

どんな請負の仕事でも、それを自分自身の仕事として行い、決して他人事にすることがない。企業の中で、まるで自分事ではないような口ぶりでグチを漏らしながら働いている人々（むろん例外も多い）の姿を見てきた当時の自分にとって、彼らの在り方はとても新鮮だった。

たとえば先に触れた宮田氏が率いるドラフトは、古くからモスバーガー関連のデザインを手がけているが、ポスターのデザインを頼みに訪れた担当者は、「本当にポスターが必要ですか？」と逆に問い返されることが度々あったという。頼まれた仕事を単にこなすのではなく、何が本当に必要なのかをともに考えるところからデザインをはじめようという姿勢。

むろん、このスタンスは、実力があってこそとれるものだし、宮田氏も最初からそうした仕事の進め方が出来ていたわけではなかったという。彼は大学卒業後、まずは日本デザインセンターに入社。そして二〇代中頃に独立した。

「自信満々で仕事を始めたけど、独立前にイメージしていた仕事の仕方がまったくできなかった。仕事がなかったわけではないんです。その点では恵まれていました。ただ、食えてはいても、こうしたかったわけではないという想いが、常にあった。たとえば広告の仕事の競合コンペにデザイン案を出す。自分としては自信があるのに、納得のできない負け方をする。デザインとはまるで関係ない理由で選ばれているとしか考えられない。納得がいかない。個人的には行き詰まった時期が、三〇代のはじめまでつづいたんです。

自分らしくやりたいのに、少しもできていない状態。でも、そこにはなんらかの原因があるはずだから、思い切って仕事の仕組みからつくり直そうと思いました。

まず第一に、代理店を通じた仕事は受けない、という決断をした。大変なのは間違いないけれど、クライアントと直接やった方がいいし、それも社長と組んだ方がいい。プレゼンも少ない方がいい。その方が精神的なゆとりもあるし、面白い仕事ができるはずだと思った。要するに、余分なエネルギーを使いたくないということです。そんなところから、仕事のやり方を組み立て直してみたのです」

広告の仕事の大半は、代理店経由でデザイナーに届く。この構造の中にいる限り、デザイナーは末端の下請けにすぎない。代理店の仕事ぶりは、担当者個人の資質にも大きく左右されるが、高い業務管理費をとりながら、実際には渡された指示や成果を右左に流すだけで、スケジュール管理もリスク管理もままならないケースは少なくない。

しかし、クライアントとじっくり話し合いながら本当に必要とされるデザインを探すためには、デザイナー自身がクライアントと直接的な関係を持たざるを得ないし、リスクも取るべきだ。

今になってふり返れば理路整然と説明できるこのような話も、当時の自分には失敗と模索のくり返しでしかなかった、と宮田氏は語る。いずれにしても大事なのは、自分がしっくりこないことや疑問に思うことを素通りさせずに、つねに意識しつづけること。自分を大事にすること、自分らしさを模索しつづけることだという。

「やめずにつづけていれば、その時にはまだわからなくても、五年とか一〇年とか経った時に形になるのです」

「自分」を掘り下げることで他人と繋がる

「自分」を切り口にした働き方の一例として、ふたたび佐藤雅彦氏にも触れてみたい。

彼は広告代理店・電通のCMプランナーとして、無数のヒットCM作品を手がけた。しかし、最初からクリエイティブ（制作）部門でその手腕を磨いていたわけではなく、三一歳までは販促部門で、スケジュールや見積り管理といった一般職の仕事に従事していたという。しかし思うところあって社内試験を受け、それに合格。クリエイティブ部門に転配属されたが、年齢が高いわりに実績も経験もない彼には仕事の声がかからない。周囲も遠慮してしまうのか、下働きの仕事すら頼まれない。でも彼は気にすることなく、CMをつくったことのない自分がCMをつくる、そのための方法をつくり出す作業に取りかかった。

彼は社内の資料室へ通い、世界中のCMに目を通して、その中から自分が面白いと思うものをビデオテープにまとめはじめる。じきに、自分が魅力を感じたCMには、共通するいくつかの規則（ルール）があると気づくようになった。この作業は三カ月ほどつづけられ、結果として佐藤氏は、面白くて印象に残るCMに共通する二三種類のルールをまとめるに至ったという。

その後のヒットCMのほとんどすべてが、この時にまとめた

『広告批評』別冊⑧ 佐藤雅彦全仕事 マドラ出版

ルールからつくり出されたものだと本人は語る。湖池屋スコーンなどのCMに見られる「ドキュメント・リップシンクロ」(ナレーターでなく画面上の出演者本人が喋ることでメッセージを伝える)や、バザールでござーるのネーミングにおける「濁音時代」(濁音を含む言葉は耳にも口にも気持ちよい)などは、その一例だ。

魅力的な物事に共通するなんらかの法則を見出そうとする時、彼がとる手法は「好きだけど理由がわからないものを、いくつか並べてみる」というもの。慶應大学の講義ではこの手法を、要素還元という名前で紹介していた。

同じように惹かれるものを並べ、そこにどんな要素が含まれているのか、自分の中の何が感応しているのかを丁寧に探ってゆく作業だ。

自分が感じた、言葉にできない魅力や違和感について「これはいったい何だろう?」と掘り下げる。きっかけはあくまで、個人的な気づきに過ぎない。

だが、そこを掘って掘って掘って、掘り下げてゆくと、深いところでほかの多くの人々の無意識と繋がる層に達する。こうしたモノづくりのプロセスが、「だんご三兄弟」のような国民的ヒット作を生み出している。

人々に支持される表現は、多数の無意識を代弁している。しかしその入り口は、あくまで個人的な気づきにある。

中途半端な掘り下げはマスターベーションと評されかねないが、深度を極端に深めてゆくと、自分という個性を通り越して、人間は何が欲しいのか、何を快く思い、何に喜びを見出す生き物なのかといった本質に辿りつかざるを得ない。歴代の芸術家や表現者が行ってきた創作活動は、まさにこのくり返しだ。自我のこだわりではなく、世界にひらかれた感覚をもってその仕事を行えるかどうかが、つくり手の器の大きさにあたるのだと思う。

日本の企業組織には、社内の意見は過小評価し、社外からの意見は過大評価する傾向がある。多くの会社で、新しい仕事を阻む最大の障壁は社内の評価。身内を過小評価する心性の裏側には、自分自身に対する過小評価が貼り付いている。「この会社にいる人間が考えることなんて、たかがしれている」という見下した感覚が、実は自分自身に向けられていることを自覚している人はどの程度いるだろう。

宮田氏にも佐藤氏にも、どちらにも共通するのは、その働き方において「自分」の感覚が出発点になっていることだ。「自分の仕事」であることによって、その仕事が意味を持つ。そんな人々の有り様を、ほかにも眺めてみたい。

植田義則さんのサーフボードづくりを訪ねる【1996年・夏】

「サーフィンをつづけているから ボードも売れるんだよ」

世界中のサーファーが尊敬するジェリー・ロペスという伝説のサーファーがいる。その彼が「世界一」と褒め称えるサーフボード・シェイパーが、湘南に暮らす植田義則氏である。

植田氏の仕事は、それを仕事と呼ぶのがはばかられるほど、彼自身の生き方や生活と深く溶け合っている。仕事＝生き方そのものだ。年に何度もサーフトリップに出かけ、毎日のように湘南の海に入る。シェイパーはなによりも前に一人のサーファーであり、そうでなければ務まらない。そう語る植田氏を、湘南の工房に訪ねてみた。

——シェイパーの仕事を説明していただけますか。

植田　サーフボードを削り上げる仕事です。ただ、その人がいま自分のサーフィンの何に困っていて伸び悩んでいるのかとか、そういう部分に対しても手を貸していくクリニック的な側面がある。そのためには、シェイパー自身の経験がものすごく重要です。

伸びのあるターンができるとか、鋭角に上がりたいとか、はやい板、大きい波のための板、力のない波をつかまえる板。そういうのをすべて体験的にわかっていないといけないし、乗る人のスタイルやその場所の波の性質によっても、まったく違ってくるんです。

――この道に進んだきっかけはなんですか？

植田　一六歳の時にサーフィンを始めました。湘南に住んでいたしね。「カッコイー！」って、とにかくまずはそれですよ(笑)。まあそこから始まったんだけど、自分はサーファーとして本物の側にいたいと思った。で、地元でもいちばん頂点の人

植田義則　1954年生まれ。仕事としてシェイプを始めたのは二〇歳の時。当時、自分で削ったボードで第10回全日本アマ・メンクラス優勝を飾る。80年に現在の会社を設立。日本が誇るトップシェイパーのひとり。

たちに憧れるわけですが、彼らは日本チャンピオンであると同時に、やはりシェイパーでした。

そういう人に、友達が板（サーフボード）を頼む。友達いわく「こういうピンテールがいいって言ったらよ、『バーカ、お前なんかどこで乗るんだ』って。『鵠沼で乗る』って言ったら、も、ぜーんぜん違う形のつくられちまったもんなー！」って(笑)。

お金を払っている側が下手すりゃそんな扱われ方で、それでもボードを頼んだ連中はみんなワクワクして出来上がりを待っている。そんなポジションが、またカッコイーなーって。

――本物のサーファーという目標に向けて、シェイパーという在り方が見えていたんですね。

植田　サーフィン始めた一〇代の頃、すぐハワイに行ったんです。初めてのときはめげちゃって。「何よ俺が思っていた本物なんて、世界的に見りゃ下手なんじゃゃん」って。でもそれで、こりゃ毎年行かなきゃダメだって思って、ハワイに通うようになった。

シェイパーとしてつづけていく以上、向こうでガン（ビックウェイブに乗るための長く細いボード）を買うんじゃなくて、自分が削った板で乗りたいと思った。けど、ガンを削るためのブランクス（削る前の発泡材）なんて日本にはないから、次の年に乗るボードのためのブランクスを、ハワイのある店へ買いにいくわけ。すると店にいるヤツらが「誰がシェイプするんだ？」って聞くんだ。当時まだガキみたいな俺が自分を指すと、笑われるんだよね（笑）。

――自分のボードを本人がデザインして削るのは、向こうでは当たり前なんですか？

植田　ガレージ・シェイパーっていって、自分のとか友達の分とか、見よう見真似でつくっちまうやつはいるよ。

それはともかく、サーフィンを欲張ったら、いちばん考えが

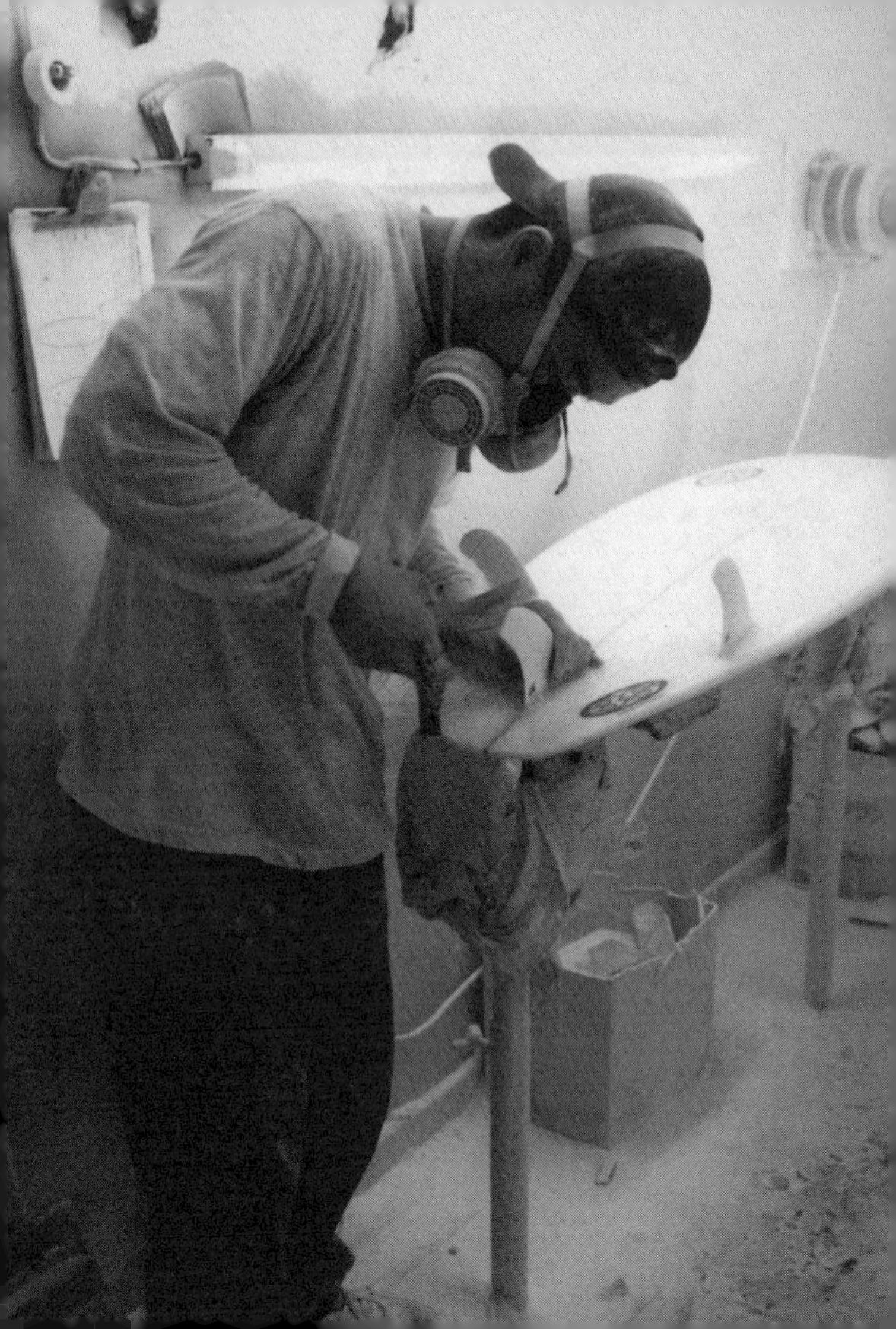

いくところはやっぱり板なんだよ。いちばん大事なのは、もう何といってもサーフボードなんだから。あのボードにめぐり会ったおかげで俺のサーフィンは変わったっていう体験は、自分が伸びてきた過程で常にある。中にはまだ早すぎる板もある。そういうことを、優れたシェイパーはすごく覚えているよ。

完璧なリレーションシップを持てるシェイパーが身近にいるならいいけれど、そうでなければ自分でやってみたいって思うのが、本来自然なんです。そういうふうに深入りしていけないヤツは、サーフィンもそこそこだよね。

でも、八〇年代にプロのシステムが整備されていった中で、プロとシェイパーの道は分かれてしまったんだ。波乗りという生活を追いかけてシェイプに入ってくる人も実際減った。最近の人は、自分は乗る側だってことに満足しているね。

――植田さんは、いまでも海に入りますか。

植田　そりゃ、だってこの仕事やってんのも、始まりは「ずっとサーフィンしてたい」ってことだから。当たり前だよね。自分の生活と趣味とモノづくりがすべてサーフィンに集まっているおかげで、逆にメシが食えているわけだもの。自分自身がサーファーだから、板に対するイメージもごく自然に描く。そして、それを自分の手でつくれることの素晴らしさ（笑）。と同時に、この仕事をしていれば、それこそ大手を振ってサーフィンできるわけですから。

その生活ぬきでこの仕事をしていたら、たとえボードを削っていたって、会社でもらった仕事をこなしているのと同じようなことになってしまう。そのときには、ボードも売れなくなるよ。やっぱり塩っ気のある状態で、手を汚して粉だらけになっていないとなあ。

自分のための道具を自分でつくり、それを欲する人が増えることで次第にマーケットが育ち、仕事として成立する。最初は創業者の手の中にあった小さな仕事が、大きなビジネスに成長してゆくプロセスを辿った会社は少なくない。

パタゴニア社の創設者イヴォン・シュイナードは、同社を立ち上げる前の一九六〇年代、自身のロック・クライミングのためのピトンをつくっては、それをヨセミテ公園で売り始めていた。フェザー・クラフト社のホールディング・カヤックは、カヤックのロールスロイスと称され、その細部の仕上がりは世界中のカヤッカーの信頼と愛を集めている。オーナーのダグラス・シンプソン氏は、自らの手で製品テストと改良を重ねてきた。現在も製品テストを兼ねて、バンクーバー湾の会社まで、自分のカヤックで通っているという。

彼らの仕事の価値は、彼ら自身の存在に深く根ざしている。しかしそもそも仕事の本質的な価値は、そこになかったか。誰が、誰のために、それをつくっているのかということ。どこの誰がつくったのかわからない山のようなモノゴトに囲まれて生きている現代の私たちの世界は、むしろ異様なものかもしれない。

大事な人が自分のためにつくってくれたモノであれば、多少形がいびつでも、それだけの理由で価値が損なわれることはない。が、つくり手との関係性や物語性に欠けるプロダクトは、モノそのものの美しさや機能に評価が集中しがちだ。工業社会における仕事の大半は、そうした価値を最大化せざるを得なかったわけだが、もし脱工業社会が本当に進展しつつあり、時間をかけてでも社会が根元的に変わろうとしているとしたら、商品やプロダクトの価値のあり方も変わってゆくだろう。

黒崎輝男さん（IDÉE）に聞いた働き方の話

東京・青山のインテリアショップ「イデー」は、世界各国のデザイナーやジャーナリストを東京に集めるイベント「Tokyo Designers Block」や、デザイン・リノベーションの動きにわかりやすい旗を立てた「R-Project」など、一般的な家具メーカーの枠におさまらない活動を重ねる不思議な会社だ。オーナーの黒崎輝男氏は、現在の建築やインテリア関連の仕事を最初から見据えて、事業を始めたわけではないという。

黒崎　働くっていう言葉を、いつも洗い直していることが大事だと思う。スーツを着るとか、何時から何時までオフィスへ通うとか、それが働くっていうことじゃあない。イデーでも、年収がいくらといった延長上でスタッフが働くのは崩したい。オープンスペースで社長室がないことや、僕が電車で通勤していること、いつもその辺をうろうろしていて誰も社長なんて呼ばないこと（黒崎さんと呼ぶ）。こうしたこと一つ一つが、僕らのような仕事なら当たり前だと思うんです。

でも小さい会社が大きくなる時は、つい従来の企業をお手本にしてしまうことが多い。部門数を増やしてみたり、外部から経理や人事のプロを採用していくうちに、いつの間にか自分たちが嫌っていた会社組織が出来上がってしまう。それは癪だから、どんな方法論があるんだろうって考えるわけです。昼も夜も、四六時中考えてます。

——そして黒崎さんは、最終的に何になりたい

んでしょう？

黒崎　それは、常に考え続けるところでして（笑）。いったいぜんたい、自分は何になりたいんだろうと……。でも「何にはなりたくない」っていうのは、結構わかっていましてね。ロック世代ってことなのかな。ビートルズでも、ストーンズでもドアーズでも、主に歌っているのは「あれはやだ、これはやだ」ってことじゃないですか（笑）。何になりたいからなるっていうより、あれは嫌だからこっちだなっていうくり返しの結果、何かこう追いつめられるようにして、自然に現在に至っている感じ。現在の仕事は、ドロップアウトの延長上にあるんです。

【1998年・冬】

（写真撮影　2003年／ASYL）

甲田幹夫さんのパンづくりを訪ねる【1997年・冬】

「パンは手段であって気持ちよさをとどけたいんです」

東京・富ヶ谷の住宅地の入り口に、一軒のパン屋さんがある。フランス語で自然の酵母を意味する「ルヴァン」というこの店は、天然酵母によるパンづくりの中心的存在で、この工房を経た卒業生は全国に多い。ベースはドイツ式の固めのパンだが、独特の旨味があり、雑誌のパン特集で立ち寄った海外の評論家も「ここのパンは私の知っているパンではない、が美味しい！」と、少し複雑なほめ方をする。調布には工場もあり、つくられるパンは全国の自然食品店で販売されている。

調布の工場は、2007年末に閉鎖。300頁参照。

彼らが焼いたパンには、他では得られない満足感がある。口にすると、自分がなにかによって満たされた気持ちになる。

ミヒャエル・エンデは、仕事に対する愛はないが頭はいい、そんな人々がつくり出す社会を「機能は完璧だけど、本質をまったく欠いた世界」という言葉で表現した。このパン屋にはその逆のたぐいの仕事があるように思う。彼らのつくるパンはとても人間的で、エンデが語ろうとしている「本質的なもの」が、みっしりと詰まっている気がしてならない。「ほらこれです」と取り出して見せることは出来ないのだが、あのパンには、いったい何が入っているのだろう。それはどんな働き方の中で込められているのか。

社長であると同時に、「彼が触ると酵母の動きが違う」とスタッフをうならせるパン職人でもある甲田幹夫氏に、話をうかがってみた。

――パンづくりの仕事を選んだ経緯を、聞かせてもらえますか。

甲田　三二歳くらいまでは定職を持たずに、いろいろな仕事や旅をしていました。僕は四〇歳くらいを目標にして、呑気に構えていたんです。

甲田幹夫　１９４９年、長野県生まれ。複数の職に就いた後、あるフランス人から、自然発酵種を用いたヨーロッパの伝統的なパン製法を学ぶ。84年に東京・調布で開業。89年に直営小売店舗「ルヴァン」を東京・富ヶ谷に開店。日々、穀物本来の味を生かしたパンを焼いている。

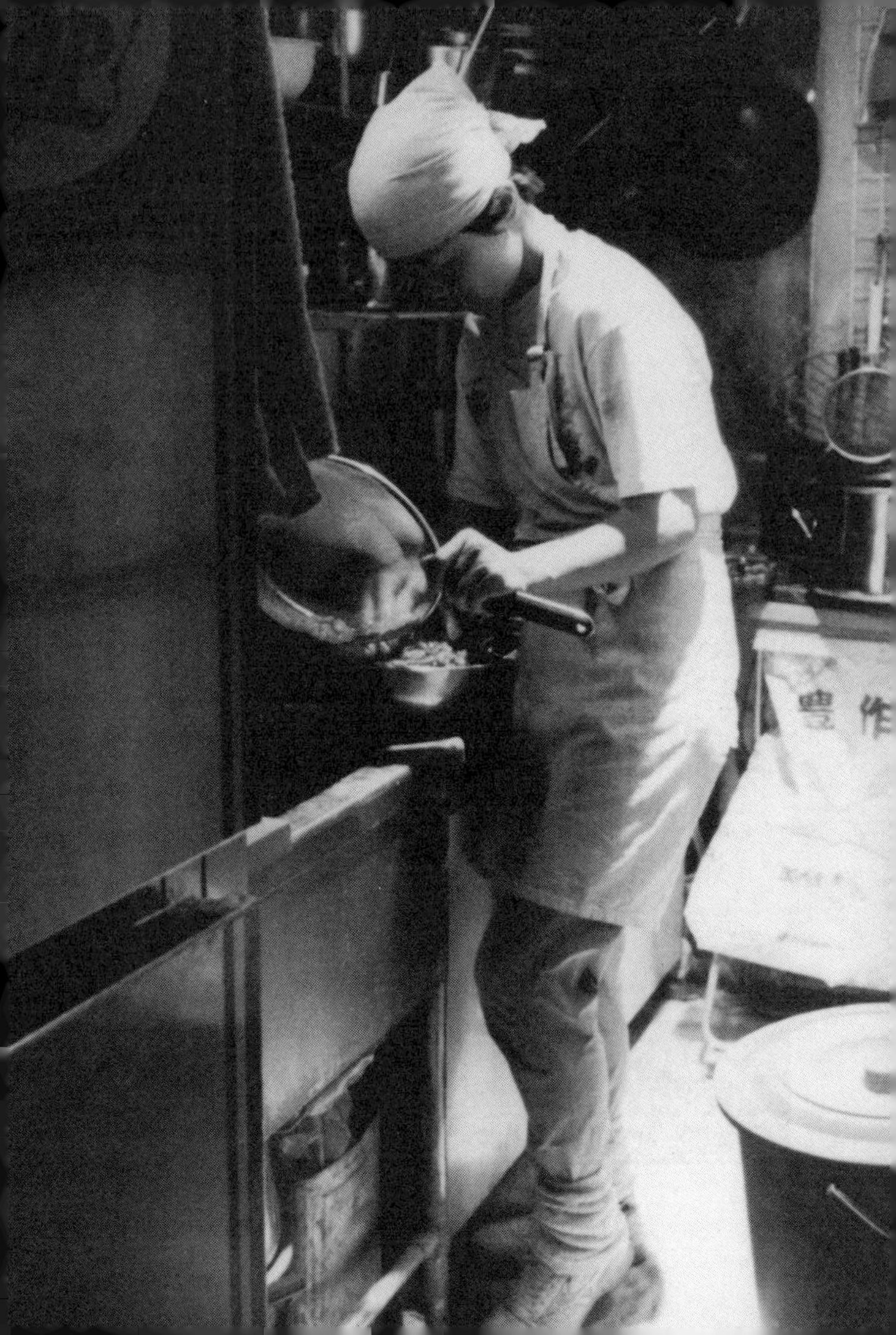

あるとき、知り合いのお兄さんが経営するパン屋さんにブッシュさんというフランス人がいて、変わったパンを焼いていると。それを手伝わないかという話が舞い込みましてね。そんな人がいるということに興味を持ったのが、最初のきっかけです。

ごく気軽に始めたんですが、この仕事はそれまでに経験した仕事に比べて、矛盾がなかったんです。小学校の先生をしたり、会社勤めをしたこともありますけど、働いているうちにどこかで矛盾が出てくるんです。僕が売っているものを飲み続けたら、カラダを悪くするだろうなあとか（笑）。

ところがそのパンは、自分でつくっていて気持ちがいいし、人にもすごく喜んでもらえる。素材だってカラダにいいものしか入っていない。とにかく全体的に矛盾が感じられなかったんです。

――ルヴァンは最初は調布の工場だけで焼いていて、後から富ヶ谷の路面店をつくったんですよね。その動機は？

甲田　このパンに日の目を見せてあげたい、という気持ちがだんだん大きくなっていたんです。工場からの卸し先は、自然食関係の店でしたから、限られた人たちを相手にしていました。それに卸しだと、どうしても翌日の販売になってしまう。でも僕たちは焼きたてを食べていて、「こんなにおいしいパンはない」って思っているわけです（笑）。

だから、その思いがどれだけ一般的なものになるのか。街のパン屋さんと同じ列に並んで、通りがかりの人がオッと思って買っていってくれたり、その人の話を聞いてまた買いに来てくれる人が生まれたり。このパンがどれくらい広がっていくだろう、っていう興味があったんです。

――ルヴァンはパンも美味しいけど、スタッフ一人一人が醸し出す雰囲気がとてもいいですね。この店に来て、嫌な気持ちになったことは一度もありません。

甲田　そうなんですよね（笑）。それは本当によく言われます。

スタッフの気持ちのいい対応だとか、笑顔だとか、それからなんていうんだろう……、自分たちが「快い」っていうことですかね。おいしいパンはあちこちにあるんだけど、店員さんたちがこんなふうに気持ちのいい店はなかったっていう手紙を、後からいただくことが多いです。

みんなが個性を出せばいいな、って思っているんです。パンにしても製造の主任が交替するとやっぱり変わるんですよ。大きく変わりはしないけど、焼き具合とかカットだとか、成形にも出るんですよね。それはそれでいいと思うんです。来てくれた人に、心地よく買って帰っていただくことのほうが大事。お客さんたちに対して、スタッフが個性を出せているのが大事なんじゃないか、面白いんじゃないかと思います。

以前、ある講座のようなところで話す機会があった時に、自分の目的はなんだろうって、あらためて考えてみたんです。すると、パンそのものが目的ではないな、という気持ちが浮かんできた。目的というとおおげさですが、みんながこう幸せにというか、気持ちよくというか、平和的にっていうんでしょうか。

そんな気持ちが伝わっていけばいいかなって思うんです。パンは手段であって、気持ちよさだとかやすらぎだとか、平和的なことを売っていく。売っていくというか、パンを通じていろんなつながりを持ちたいというのが、基本にあるんだと思います。

矛盾を感じさせない仕事とは

甲田氏も語っていたとおり、ルヴァンで売られているのは、パンの形をした別の何かだ。それが何かは迂闊《うかつ》に言葉にしたくないが、お腹だけでなく心も満たされる実感がある。そんな食べ物は、街には滅多にない。

以前あるところで彼は、食に携わる者は美味い・まずいで物事を判断しがちだが、それ以上に、作っている人や育てている人、食べている人とのつながりを大切にしなければならない、と話していた。ルヴァンのパンは様々な生産者に支えられている。収量が少なくお金にならない国産のライ麦を、ルヴァンのためにつくっている栃木の農家。アップルパイのための一本の紅玉の木を育て、その収穫を毎年届けてくれる長野県の農園、等々。

甲田氏はインタビューの中で、「この仕事には矛盾がなかった」と語っていた。ここで語られる矛盾とは何か。仕事をめぐるダブル・バインド（二重拘束）について、少し考えてみたい。

「ダブル・バインド」は、人類学者のグレゴリー・ベイトソンが提唱した理論だ。たとえば母親が子どもに「愛しているわ」と声をかける。嬉しくなった子どもがそばに近づいてみると、母親の目や表情は冷たく、言葉とはまるで逆のメッセージを発していたとしよう。このような状況をダブル・バインドという。

愛を語りながら、逆の態度を示す親。家庭内におけるそのくり返しが子どもの精神を傷つけ、結果として分裂症の原因を生んでいるとベイトソンは指摘した。一つの主体から発せられた、異なる二つのメッセージによる板挟み。「家庭がなによりも大事」と言いながら、休日も会社の仕事ばかりで家をかえりみない父親などもその軽い例だろうか。こうした分裂的状況がつづくと、人は自分の精神を守るために、失感情的な心理状態に逃げ込まざるを得ない。

ベイトソンが親子の関係に見たダブル・バインドは、形を変えて社会のあらゆる場面に存在していると思う。

自分の行う仕事が他人に与える矛盾、それが生み出すダブル・バインド的な状況に、自覚的でありたい。先にあげたベニアの家具や安普請の建売住宅のほかにも、気になるモノは無数にある。「あなたの資産をふやそう」と語りかける外貨預金のCM。貨幣経済と実態経済の乖離を認識した上で、彼らが注力しているのはむろん運用資産増による自社利益の拡大にある。燃やせないプラスティックやビニールの容器に入れられた、健康を売り文句とする自然食品。環境問題をテーマにしながら、新商品の紹介にページを割くエコ・ファッション誌。健康「的」であったり、環境「的」であるけれど、臆面もなく本質を欠いた仕事の数々。そして、そんな仕事に囲まれて生きている私たち。

教育の現場にいると、「感情をおもてに出せない子どもたちが増えている」という指摘によく出会う。たしかにそうした傾向を感じる瞬間はある。しかしその原因は、私たち自身が自分の仕事を通じて社会につくり出している、ダブル・バインドにもあるのではないだろうか。それは子どもたちだけでなく、大人の精神をも痛めつけてはいないか。

「癒されたい」とか「癒される」といった言葉を頻繁に聞くようになったが、言葉の裏側に貼り付いている気持ちは、「満たされたい」ではないかと僕は思う。CMにしても雑誌の記事にしても、うたい文句は機知に富んで、素敵で、期待させるものが多い。しかし、ふくらんだその心を満たす内実までも兼ね備えている仕事は、残念ながらそう多くない。

自然や波の音、朝日を覚ます森の鳥たち、あるいは春に咲く花。そうした自然物に、人が癒される思いを抱きやすいのは、美しいからだけではない。それらには、「嘘」やごまかしが一切含まれていないのだ。ペットの存在も同様である。

思いっきり単純化すると、「いい仕事」とは嘘のない仕事を指すのかもしれない。ルヴァンのパンのように、みっしりと実の詰まった仕事に触れている時、それを手にした人の口元は思わず緩んでいるように見える。心が満たされるのだ。

ヨーガン・レールさんのモノづくりを訪ねる【1999年・春】

「自分のつくるものが〝大事〟か〝大事じゃない〟かということを、私は気にしています」

一九九八年の二月、福岡と神戸にヨーガンレールの新しいショップがオープンした。服だけではなく、木工家具や食器をも扱う店だ。これらの家具は、それまでも雑誌などで、彼の住まいを写した写真の片隅に見かけることが出来た。手ざわりの良さそうな木のスツールたち、そして仕事場でも日常的に使われていると聞いていた木や陶磁の食器類。

とても繊細で、本人の立ち姿の印象と重なるヨーガンレールの商品群は、どのような考え方や働き方の中から生まれているのだろう。

「これまでもお店のディスプレイ用に、テーブルやスツール、物入れなどをつくってきました。でも、今回はお店に合わせるのではなく、どこにでも使えそうな家具をつくりたかった。家でも事務所でも、どこに置いてもなじんで、暖かみが感じられるものを」

デザイナーという職業の中でも、特にアパレルのデザイナーは、暮らしに対する視野が広く感じられることがある。時には建築家よりも。それはファッションが、〝どんな場所で、どんな人たちと、どんな時間を過ごすか〟という生活の全体像を対象にしているからだろう。洋服からスタートしたブランドが、音楽や食、あるいは家具の分野へと領域を拡げた事例は多い。

ただしこの時のヨーガンレールの新しい商品群は、会社のブランド戦略として企画されたというより、レール氏本人の、プライベートな生活の中で生み出されたもののようだ。

「今、沖縄に自分の二つめの住まいをつくっているんです。新しいモノもいろいろと必要です。でも、私は買い物が嫌いなんですね。デザイナーである以上、生活に必要なモノは自分でつくった方がいいと思っている。今回の商品は、もともと自分の新しい生活のためにつくったんです。

ヨーガン・レール　1944年生まれ。日本在住デザイナー。パリでテキスタイルデザインを学び、フリーランスデザイナーとして働く。71年来日、73年ヨーガンレール社を設立。著作に『ZOMO』（ヨーガンレール社）、展覧会に「ヨーガンレールの眼」（写真展、東急文化村ギャラリー、2002）などがある。
http://www.jurgenlehl.jp/
Photo : SAKANO Jun

でも、そのためだけにつくるのはもったいないし、ある程度の数を頼まないとつくりづらい。それが、新しいお店の話につながりました。家具や食器以外にも、タオルやシーツなど、いろんなモノをつくります」

意味のないことには関わりたくない

彼にはインド・インドネシア・タイ・韓国など、世界の数カ所に、これまで一緒に仕事を重ねてきた職人さんたちがいる。「インドネシアにうちの生地をつくっている所があるんですが、そこに木工が出来る人たちがいたので、『この方たちにも頼んでいいですか』って聞いてみたんです。

職人さんは全部で六人です。一脚のスツールを無垢の木材から彫り出すのに、モノによっても違うけど、たぶん二週間以上かかっています。そんな具合だから、たぶんお店の数もあまり増やさないいんじゃないかな。そもそも、数多くつくれるモノじゃないいんです」

彼はある新聞のインタビュー記事で、こうも語っている。

〝私のデザインから生み出されるモノの量を考えると、いつも複雑な気持ちに駆られる。美にかかわる職業の中でも羨ましく思うのは、ダンサーと俳優だ。彼らは人々の心に記憶として刻みつけられるもの以外、何一つ残さないから〟

「モノをつくる以上、それが永久に存在するようなつもりでつくっています。せめて一〇年ぐらいは長持ちするようにつくられていなかったら、意味がないと思っている。三年や五年おきに新しくモノをつくりたくない。

その時代をよく考えて、材質もよく考えて、長くもつモノでなかったら困ります。お店のテーブルに無垢の木や石を使うのも、壊れず長く使えるからです。

でも日本では、簡単にモノを捨てますね。たとえばアパートを引っ越すと、部屋ごと捨てて全部新しく買い揃えるような感覚がありませんか。以前それをテレビで見てびっくりしました。

ヨーガンレールの食堂には、週に一度、石垣島から野菜が届く。江東区のオフィスに本社を移転することになった時、レール氏は社長に「オーガニックな食堂をつくってくれないと、新しい本社に行きません」と直訴したそうだ。化学的なもの、誰がどうつくったのかわからないものは、食べたくない。ほとんどの社員がここでランチを食べている。
Photo : SAKANO Jun

気になっています。もともと日本家屋にはあまり家具がなかったのも、こうした感覚に作用しているのかもしれませんね」

しかし彼のこうした考えは、高邁なイデオロギーが先にあってのものではない。

「あまりゴミをつくりたくないだけ。それ以外には何の理由もありません。いいモノだから寿命を伸ばしたいというわけでもない。

木を切ったり鉄を掘り出して、すごいお金やエネルギーをかけるのだから、ずっと使ってもらえるものじゃなかったらつくる意味がない。ほんの数年間のために何かをつくり出すなんて、止めたほうがいい。考えるのももったいないし、私はあまりそういうことに時間をかけたくないんです（笑）」

近代のデザインは、大量生産・マスプロダクションと密接につながっている。生活の中にまだモノが溢れず、資源やゴミのことを気にする人も少なかった時代、デザイナーは未来をつく

り出すシンボル的な存在だった。しかし今はどうだろう。

多くのデザイナー、あるいは何らかのモノづくりを志す人々は、「本当に必要なモノはなんだろう?」という問いに、あらためて引っかかりを感じているのではないか。

美意識としての環境問題

色と手ざわりのどちらを大切にしているか、という質問を投げると、次のような言葉が返ってきた。

「色や触感がどうということより、そのモノ自身が〝大事〟か〝大事じゃない〟かということの方を、私はずっと気にしています。

私のすべての仕事において、モノをつくることの大事さ以外は、まったく些細なことなんです。気になることじゃあない。丸いのがいいとか四角いのがいいとか、この色はきれいだとかこの色は醜いとか、そういうことは全部勝手な決めかたで、理由なんて何にもないと思う。ほんとうにそれは趣味に過ぎませ

Photo : SAKANO Jun

ん。そういう話になりやすいから、デザインとか流行の話は嫌いです。もちろん、それぞれ自分の趣味はあった方がいい。それは人間の性だから。

私にもこれまでの生き方が培った好みはありますけど、それはいいとか悪いといった判断にはなりません。でも、〝こんなものはつくっちゃいけない〟とか、〝これならつくってもい い〟っていう判断はできる。逆に、それ以外には何の判断もできないんです。

たとえば、私にとって色は完全に趣味です。生きている間に、全ての色を見ることは絶対に出来ない。無限の世界だから、すごくおもしろい。シーズンごとにほしい色を探します。でも在庫のなかにないと、新しく染めてつくる。いっぱい色が出てくる。たとえば紫と茶色の間にもいろいろな色がある。もう少し強い色、透明感のある色……きりがありません。話し始めると終わりません（笑）。でもその趣味は人に強く売り込むものではないし、そのことで喧嘩をするのも、いけないんだと思う」

Photo：SAKANO Jun

彼の言葉を聞きながら強く思ったのは、エコロジーとはイデオロギーの問題ではなく、センスの問題であるということだ。環境問題にしてもトップダウンの理念ではなく、何を美しいと思うか、心地よく感じるかという世界の感じ方から捉えることが、大切なのだと思う。

たったひとつの言葉も、人の口を割って出てくるまでには、その内面で、時には何年間にもわたる旅をしている。デザインもモノづくりも同様だ。その人が感じた世界、経験した出来事がそこに結晶化する。

「モノを通じて、それをつくった人が生きてきた経験のあり方はわかります。衣服からでも、その人の生き方だとかなんでもわかります。それは言葉と一緒です」

私たちが店先で買っている商品は、ただの家具や食器ではない。ヨーガン・レール氏がつくり出すモノの繊細さとは、彼が生きている世界、感じている世界の繊細さだ。私たちは、一人一人が世界のレコーダーであり、互いのレコードに針を落としながら、さらに大きなレコードを織りなし合って生きている。

深く入ることで見えてくるもの

　一点ごとに手で彫り出されているスツールのデザインは、職人さんに、どのように伝えられたのだろう。もちろん図面など書かないのだろうと頭から決め込んでいたら、ヨーガンさんは笑いながら教えてくれた。

「図面がありますよ（笑）。みんな、ちゃんとした設計図があります。ゆがみ具合まで全部描いて送っているんです。一脚ごとに違って見えるかもしれませんが、それは職人や木が違うだけです。

　模型をつくることもあります。口頭で伝えて、あとは職人さんに任せているわけではありません。たまにスケッチの交換だけでつくることもありますけど、任せるからにはちゃんと伝えないといけない。そうしないと彼らは、機械でつくったようにきれいに左右対称につくりたくなってしまうのです。でも私はそれをやってほしくない。銅の仕事をしている職人さんは、以

「変化がないとお店はつまらなくなる。思いもよらないような発想が、次から次に出てこないと困ります。だから道具や環境を変えていくことが大事なんです。一緒に仕事をする職人さんも、楽しみたい・面白がりたい、弾力性がある人でないと長くはできません。かつ、互いの人間関係もうまくいって、考え方も似ているような人間と出会えるのは、そう多くないことだと思う。世界のあちこちで仕事をしている印象があるかもしれませんが、大体いつも同じ人たちとやっているんです。人は道具と違って、どんどん変化していきますしね」

前はお米の蒸し器や壺をつくっていましたが、いまつくっているのはロココ調の複雑な意匠の室内装飾品です。その方が楽なんです。いい仕事をしなくてもごまかせる。

でも、私と一緒につくるものはその逆です。何の飾りもないから、ひとつの間違いでもすぐわかってしまうし、私にもその人の腕がわかる。もちろん手づくりだから、まったく同じモノはつくれない。やっぱり、みんなちょっとずつ自然と違ってきます」

素材と向かい合って仕事をすれば、木材ごとの異なる個性が、ごく自然に現われる。インタビューの後で、原寸図や模型を見せていただいた。図面上は同じ形をしていても、手仕事でつくる限り、人という自然が、さらにほどよい多様さを与える。彼は自分の作品集『ころも』(ヨーガンレール刊)の冒頭で、次のように語っている。

〃ひと目見ただけだと、木々の葉はみな同じに見えますが、じっと見れば一葉一葉が違うことが分かってくる。衣服のために

Photo : SAKANO Jun

作られる布もそれと同じように、いま一度たくまざる多様さやばらつき、そして不揃いさを取り戻せたら、素敵ではないでしょうか〟

ひとつの景色に深く見入ると、その中に限りない多様さを見出すことができる。音もそうだ。見入る、聴き入るといった言葉は、外側からの観察ではなく、対象への没入感を示す。

「なんでも深く入っていくと、だんだんと細かい部分が見えてきます。森へ入れば、はじめは単純に見えていても、だんだん複雑になって違うものが見えてくる。だからすごい。食べ物もそうじゃないですか。なんでもそう。

だから時間が足りないんです。困ってるんです。時間が足りない。自分にはあとどのくらい時間が余ってるかわかるから、絶対足りないんです」

Photo : SAKANO Jun

本当は自分のものを自分でつくりたい

テキスタイルやファッションにとどまらない自分の仕事を、

彼はどのように捉えているのか聞いてみた。

「自分の職業がなんであるとか、そういうことはあまり気にしません。私は、モノをつくってるというだけでいいです（笑）。ただ、デザインという言葉には、すごく悪い印象がある。若い頃は、デザインにも興味がありました。でも今はまったくない。それはある日を境に突然変わったわけじゃない。たぶん、モノをたくさん見たりつくってきた中で、少しずつ変わってきたんだと思います。

私は、食べ物や食事をつくっていません。だから、その代わりに何かしないといけない。そうしないと食べられません。本当は、自分の食事や身のまわりのものを、全部自分の手でつくりたい。いつかこの仕事を辞める時が来たら、そういう生き方にしたいと思っています。みんなが自分の仕事を、本当に自分に必要な身の回りのものをつくり出すことだけに向けたら、環境への悪い影響もなくなるんじゃないかな。そんなことを思うことがあります。インダストリアルデザインとか、そういう話が出てくると気が遠くなります（笑）」

彼のつくった家具や食器は、自邸だけでなく、日常の仕事場でも使われている。生活のためにつくったものなのだから、会社の中でさえ使えなかったら、はじめからつくる意味がないじゃないですかと彼は言う。

しかしデザイナーの中には、自身の生活とは全く切り離された、まるでデザイン誌のためのデザインをつくりつづけているような人も多い。少なくとも、これまで多かったように思う。自分の生活実感とはつながりのない、どこかの誰かのためのデザイン。人目を引くプレゼンテーションとしての仕事の数々。しかし生活とかけ離れたモノづくりのあり方は、つくり手だけの責任でもないだろう。

私たちはいろんな〝自分の仕事〟を、他人や企業にゆだねてきた。食事や洗濯などの家事をレストランやクリーニング屋さんに、健康を病院に、旅を旅行代理店に。そんな中、一人一人の生きる力や自信のようなものが、じわじわと弱まっている気がする。全体性を欠いた自分。

そして自らの仕事を外に託して人生を空洞化させている私と、そこから切り出されたどこかの誰かのための仕事をこなしている私は、同一人物だ。蛇が自分の尻尾をくわえているようなこの堂々めぐりは、一体何なのだろう。

デザイナーも企業人も、根本的には何よりも前に一人の生活者だ。本当に必要なものは何か、自分にとって大切なものは何なのか。それを捉え判断していく、ごく当たり前のセンスが、モノをつくる人に強く求められている。

「大袈裟な話ではないんです。ただ、バランスの取れていないものが多いので、私はそれにできるだけ参加したくない。それだけのことなんです」

馬場浩史さんの場づくりを訪ねる【1998年・春】

「いまの社会は全員が余所のもので余所のことをやっていて、その結果誰も幸せになっていない感じがするんだ」

馬場浩史氏の仕事の範囲は多岐にわたる。八〇年代には服飾ブランドの〝トキオクマガイ〟で、ファッションショーやショップ空間、広告などの総合ディレクションを担当。その後、遊星社を設立。ギャラリーやショップ、イベント、舞台のプロデュースのほか、衣服や陶器などの生活用品のデザインから制作までを手がけてきた。みずから黒陶の作品もつくる。

スターネットは、東京と栃木県の茂木などに活動拠点を持つ馬場氏の、次のモノづくりの本拠地だ。あらかじめ描いた図面に従うのではなく、現場に座って余った建築端材を眺めながら、このへんに壁を立てよう、ここに明かり採りがほしい、といった具合に少しずつ作ってきたのだという。

「ペンキを塗ったりボルトで止めたり、内装レベルの大工仕事なら、ちょっと見てれば誰だって出来るんですよね。さすがに土壁は一人では出来ませんから、昔やったことがあるという、近所の農家の方々に手伝ってもらいました。以前仕事で会った左官職人さんたちに教えてもらっては、それをここに持ち帰っていたんです」

馬場氏は東京の麻布の住まいや、夫人の和子さんが運営する恵比寿のギャラリーなどを引き払い、本格的にここへ移った。益子を選ぶに至った経緯は、どんなものだったのか。

「一〇年くらい前に、益子の陶芸ギャラリーから葉書をいただいて、フラッと遊びに来たことがあるんです。そこで出会ったあるアーチストを訪ねて、茂木という素晴らしい場所に出会った。これが最初です。隣町なので、ここと似たような環境です。高くはないけれど深い雑木山と棚田があって、野良がきれいに

馬場浩史　22歳のとき、熊谷登喜夫と出会い、10年ほどパートナーを務める。その間、東京、パリを拠点とし、またインド、ネパール、タイ、インドネシアなどにも出かけ、モノづくりを始める。1991年遊星社を設立。98年より、栃木県・益子にスターネットをひらく。
http://www.starnet-bkds.com/

Photo：NODERA Harutaka

Photo：NODERA Harutaka

手入れされている。照葉樹林帯の最北限で、狩りと採集で生きられるような縄文的な部分もある。地質も良く、自然も豊かで生き生きとしていてね。原風景というか、理想とする景色が残っていた。

その頃僕は一〇年間くらい、自分が生活をしながら仕事もできる場所をずっと探していたんですよ。〝ここだーっ〟て思って、築三〇〇年の民家を借り受け、住めるように手を入れて、東京と茂木の間を行き来し始めたんです。

ただ、茂木は外に向かって開かれている場所ではないので、仕事の上では限界があった。やはりもう少しパブリックな場所、外とのコンタクトがとれる場所をと考えるようになって、四年くらい前から益子にも場所を探し始めたんです。そしてここに出会って、すぐ決めました。

益子は深いところですよ。面白い人が、奥の方からどんどん出てくるんです。民芸運動の名残でしょうか。さきほどの山崎さんからも、無農薬の野菜の作り方、循環型の農業のこと、いろんなことを教えてもらってます。表通りのみやげ物屋さんだけ見ていたら、益子はわからないですよ」

身体もモノづくりの環境である

馬場氏の基本は、身体で感じる使い心地や居心地をつくり出すことにある。色や形といった視覚的な心地よさではなく、より直感的で全感覚的なモノづくりを指向している。

「本来、藍染っていうのはマムシ避けですよね。蓬もカラダに塗れば虫避けだし、紅花は冷え性にいいとか。だから呪術的なことや薬効の方が先で、色の嗜好はかなり後から来た意識だと思うんですよ。もちろん形もそう。後から来たものだと思う。

モノづくりの基本は、やはり〝身体〟というアンテナですよね。たとえば、食べ物でも舌に旨いだけじゃなくて、次の日の自分の身体の状態がいいかどうか。それも食べ心地だと思うんです。着るモノも、限りなく皮膚に近い感じがいい。もちろん居場所だってそうですよね。色や形がどうというものじゃない。

鳥の巣づくりのような感じが理想じゃないでしょうか。鳥の巣って、すごくよく出来ていますよね。あれは、絶対にデザインできない。

鳥の巣を見たり、あるいは縄文土器に接しているとね、目を中心にしていないモノのつくられ方をすごく感じるんです。全感覚的につくり出されている。そんなふうに、耳であったり、鼻であったり、皮膚であったり、そうした感覚的な判断へ寄り添っていかないといけないんじゃないかと僕は思う。でも、世の中の多くのモノづくりは、視覚的な情報の中だけで行われていますよね」

ネイティブ・インディアンの成人の儀式（ビジョン・クエスト）の一つに、〝自分の場所を探す〟というものがあると聞いたことがある。

父親が子供を夜の山へ連れていき、「山の中で自分に心地良い場所を見つけ、そこで一晩を過ごして、朝になったら降りてきなさい」と伝え、毛布と水を手渡して別れるのだそうだ。

この夜、子供が見つけ出すのはたぶん単なる場所ではなく、〝どういう場所を自分は心地よく感じ、安心できるのか〟という、価値観のゼロ地点だろう。その基準が明確にあれば、人生のあらゆる場面でそれは機能するにちがいない。将来、家を建てる場所を選ぶ時にも、人間関係のただ中においても。

自分がどんな場所を気持ちいいと思うか。その判断力がなかったら、気持ちのいい場所を生み出すことなどできない。モノづくりは無数の判断の積み重ねだ。もし、つくり手が自らの判断力に自信を失ったら、一体何がつくれるだろう。その判断を自分でなく外部に求めるのが、たとえばマーケティング調査を先行させた商品企画である。しかし馬場氏のモノづくりは、徹頭徹尾、自分自身の内面に降りていく作業だと言う。

「僕はボーッと浮かんできたイメージをスケッチしていって、そこからストーリーを紡ぎ出すような作り方をするんです。だから何かが浮かび上がってこない限り、何もできないんです(笑)。

Photo : NODERA Harutaka

浮かぶような状況に持っていくためには、いろいろやらなきゃいけない。山小屋に入ることもあるし、ある舞台の演出ストーリーをつくった時は、タイの小さな島に入りました。海際にバンガローを借りて、そこに二週間くらい滞在した。最初の一週間は、毎日島の男の子にココナッツを二つずつ運んでもらって、ストローを入れて飲む。食べるものはそれだけっていう、ちょっとした断食です。別に空腹感もないし、三日くらいすると身体の中がものすごくキレイに洗われて、完璧に波の音にチューニングされていくんですね。そうすると、自分がもう〝だいる〟っていう感じになってくるんです。

そんな中で夢想していくと、いろんな記憶が開いていく。スケッチブックを身近に置いて、テラスに出てはそういう風景をチョロチョロと描き続けるんです。そういうものをスクラップして持ち帰り、再編集して一つのストーリーが出来てくる。そんな作り方をしているんです。

雑木山を歩くようなことも、とても大事なんじゃないか。今の僕にとっては、すごくそうです。風がブワーッと吹いて来ると、鳥がバーッと来てね。何か大きなモノが連鎖的に動いているのがわかる。不思議な感覚なんですが、全体が繋がっているのが実感できる。いろんなことを学びますね。雑木山が与えてくれる情報って、いわゆる本やテレビ、新聞などの情報よりも凄いですよ」

馬場氏の話を聞きながら、身体が、モノづくりの大切な環境であることを思う。

「やっぱり、身体を含むモノづくりの環境すべてが、すごく大事だなって思います。身体がいい状態にないと、いい発想どころか発想そのものがなくなるし、押しつぶされちゃう。たとえば、お腹がいっぱいだと、風が肌を撫でる感じとか、雑木山の匂いだとか、そういうことも感じなくなってしまう部分があると思います。

都市のなかで情報に埋もれていると、感覚を常に閉じて鈍感な状態にしていないと、やっていけなくなってしまうでしょう。でも、僕は常に身体をクリアな状態にしておきたい。自分が健康でなかったら、人に優しくもできないしね。

僕だって過去には遠い西洋に憧れた時代もあったし、アジアを歩きまわってみた時期もあった。でも、やはり結論は西洋ではないし、かと言ってアジアでもない。もっと個人的なことだと思うんです。僕は自分の個人的なことを、きちんと掘り下げて、一つ一つ形にしていきたい。別に一万人を相手にしなくたっていいでしょう?

自分がつくっているものは、自分に必要だからつくるんです。この茶碗も、ただ売るためにつくり出しているのではなくて、まず自分が使いたい。あとカフェで使いたい。目的はハッキリしている。そうでないと僕はモノをつくれない。自分が着たいとか、そういうことが重要だと思うんです。自分が欲しいものを少し多めにつくって、〝好きな人がいたらどうぞ〟っていうスタイルです。

少しでも多くのモノをつくって売ろうとなると、いちばん安易なところにチューニングしていくしかないじゃないですか。しかしそれは、確実に目的を見失いますよね」

Photo : NODERA Harutaka

個人を掘り下げることで、ある種の普遍性に到達すること。自分の底の方の壁を抜けて、他の人にも価値のある何かを伝えることは、表現に関わる人すべての課題だ。

余所でなくこの足もとに積み上げる

「自分の身体により近い足下の場所で、いろんなものを積み上げていくことが大事なんだと思う。いまの社会は全員が余所のもので余所のことをやっていて、その結果誰も幸せになっていない感じがするんだな。

僕の理想は、人間が一日で歩ける半径四〇キロくらいの範囲で野菜や水など必要なものが手に入り、その地域のなかで循環できること。足下の衣食住のような、ごく小さなことの紡ぎ上げが文化だと思うんです。生活様式はどんどん変化していくし、使う道具も変わっていく。しかし少なくとも、その場所、そのフィールドで考えることがすごく重要ですよ。ここは、ようやく本腰を入れて関係を持ちたいと思えた場所なんです。僕にはこの場所でやりたいことがいっぱいある。ここの素材でです。

今僕が着ている服は一五年くらい前からインドでつくらせているものです。でも、どうも違うんですよ（笑）。やっぱりねえ、あっちの方から持ってくるっていうのはちょっと違うんだな。ここで新しい食の提案もしていくけれど、やっぱりそれはフランス料理やイタリア料理じゃないと思うんですよ。身体にとっても、それはあまりいいことじゃないと思う。

ここでも綿花栽培はできますから、農家にも働きかけてみようと思う。絶対にやりたい人がいるはずです。みやげ物じゃなくて、もっと生活で使うものをね。日本はこれから外貨も不足していくだろうし、経済力も低迷していく。その時に、足下から生活をつくり上げる力はすごく重要になるはずです。今から準備しておかないと、なくなっちゃいますよ。農業と工芸っていうのは、生きるために最低限必要なものですよね」

インタビューを終えて外へ出ると、黄昏時の空に、まっ白な満月が浮かんでいた。

「ここをスタートに増殖して、いい環境にしていきたい。パンを焼くとか、蜂蜜をつくるとか、蜜蠟をやるとか。お抹茶と甘いモノが食べられる峠の茶屋だとか、本屋やCD屋さんを作ってみることもね。まずは来てくれた人たちと一緒に、いい時間を過ごすことから始めてね」

現在、スターネットは棟も増築し、当初の想いを時間をかけて着実にひろげている。近隣の農園の苺栽培とあわせて、養蜂にも着手。モノづくりをする人々が、短期滞在して、制作を行うためのスタジオづくりなども進めているという。

ファインモールド社のプラモデルづくりを訪ねる【2000年・春】

「馬鹿みたいに思いっきり こだわった仕事をした方がいい」

プラモデルをつくったことはあるだろうか。とくに最近はどうだろう。かつて、ものによっては何十万個も売れたプラモデルも、現在はテレビゲームにおされて市場は一時期の十分の一程度。子供も大人も、プラモデルのように時間と手間をかけて楽しむ娯楽からは、ずいぶん遠ざかってしまった。

そんな中、一九九九年に愛知県・豊橋市のある小さなプラモデルメーカー「ファインモールド」が、ヒット商品を輩出した。「飛行艇・サボイアS.21」。宮崎駿監督の映画『紅の豚』で、主人公のポルコ・ロッソが操縦桿を握った飛行艇だ。デパートなどの売場にも完成模型が飾られ、普段はプラモデルに縁のない人まで、多くの人々が手にしていったという。

ファインモールド　愛知県・豊橋市の小さなプラモデルメーカー。旧日本軍戦闘機からスターウォーズ・シリーズまで、「マニアによるマニアの為の製品開発」を目指す。
http://www.finemolds.co.jp/
Photo：MIZUTANI Fumihiko

最近は、デスクトップモデルと呼ばれる高額の完成品を買うスタイルも定着した模型の世界。しかし本来プラモデルの価値は、モノではなく、それをつくり上げる過程の豊かさにある。箱の中に入っているのはプラスティックの部品ではなく、それを形にする小さな旅だ。

ファインモールドが放ったマニアの壁を超えるヒットの背景には、宮崎駿の映画に対する幅広い人気もある。が、それと同時に、プラモデル好きの「これをつくる時間を楽しみたい」という気持ちに、なにがどう応えたのか。

大手プラモデルメーカーから移ってきた若者

「サボイア S.21」を担当したのは、ファインモールドに入って当時三年目の神谷直彦さん(一九六九年生まれ)だった。

高校時代を、穴があくほど模型雑誌を眺めて過ごしたという神谷さんは、大学時代は雑誌に自分の作品が紹介され、原稿も依頼されるような存在だったという。とはいえ、彼に模型マニ

Photo : MIZUTANI Fumihiko

アの印象はそう強く感じられない。自分の興味を追いかけて走り抜けてきた人に共通する、凛々しい笑顔を持った好人物だ。

そんな彼が大学卒業と同時に就職した会社は、多くの人が子供の頃、一度は接したことがあるだろう某大手プラモデルメーカーだった。「いいプラモデルとはどういうものか」を、みずから道を切り拓いて体現してきたその会社は、プラモデルづくりにかかわるすべての人の精神的支柱であり、憧れの職場でもある。しかし神谷さんはそこをわずか四年で退職。大学時代を過ごした豊橋に戻り、ファインモールドという小さなプラモデルメーカーで働きはじめた。

「その会社に幻滅したわけではないんです。ただ、すごく大きな組織で、分業が徹底していた。それぞれの仕事のレベルはものすごく高いんですけど、設計した人の想いが十分に伝わらないまま、図面だけが金型工程に流れてしまっていたり……。どうにも、ちぐはぐとした状況が、目につくようになってしまったんです」

ファインモールド社は、小さな頃から模型づくりが好きだったという鈴木邦宏さん（一九五八年生まれ）が、数年間の金型制作修行の後、自己資金一〇〇万円でスタートさせたガレージ・カンパニーだ。自宅六畳間のホビー用旋盤にはじまり、およそ一〇年間をかけて現在の社屋を持つ会社に成長した。

神谷さんにとって、ファインモールドと某大手プラモデルメーカーは、なにが違ったのか。企画から生産まで、極力外注に頼らず一貫して社内で行う点。また、実機寸法に基づいたスケールモデルをよしとするといった面では、両社に際立った違いはない。むしろプラモデルメーカーとしては似通った傾向を持つ会社だ。しかし、大手の社員数五〇〇人に対し、ファインモールドは六人。そこには、互いが何を考えて何をつくっているか、自分はいまどんなパートを担っているのかといった仕事の全体像を、ごく自然に把握できる現場がある。鈴木社長はこうも語った。

「一〇人を超えたらダメですね。売り上げも意識せざるを得なくなる。好きなことをつづけたければ、会社は大きくしない方がいい。六～七人くらいが、ちょうどいいんじゃないですか」

ファインモールドに移った神谷氏は、まずは金型の現場を二年ほど経験。並行してプラモデルに同梱する説明書をつくり、箱詰めを行い、営業で問屋さんを回りと、一通りすべての業務を経験した。小さい会社では、おのずとそうせざるを得ない。そうした中、たまたま「紅の豚・サボイア」のプラモデル制作をファインモールドが手がけることになり、神谷氏は迷わず担当者として手を挙げた。

空を飛ぶ「紅の豚」をつくる

少々マニアックな話になるが、映画『紅の豚』に出てくるサボイアS.21は、宮崎監督による架空の飛行艇だ。そのベースになったのは、マッキ33というレース用飛行艇である。神谷氏は宮崎監督同様、根っからの飛行機好き。数多く売れるキャラクター商品がつくりたかったわけではない。

「僕は二〇〜三〇年代の飛行機が大好きなんです。大手を振って、それをつくれるチャンスだったんですよ」

そんな神谷氏に、アニメを立体化しただけの、実際には飛びそうにもない模型などつくれるわけがない。「これは空を飛ぶねえ！」と納得のいくサボイアをつくるのが大前提だ。

現実の飛行機の設計において最初に決まるのは、なによりもまずエンジンだという。彼は原作に書かれた〝イゾッタ・フラスキーニ／600馬力エンジン〟の資料を探しはじめた。エンジンの詳細がわかれば、そこを足がかりに細部を詰めることができるという。

ファインモールドの書庫は、互いに得意なジャンルを持つスタッフが共有するマニアックな資料の宝庫だ。神谷氏は、イゾッタがまた別のあるエンジンのノックダウン版であったことを突き止める。さらに調査を重ねたところ、同型のエンジンが三菱重工でライセンス製造されていた事実に到達。早速連絡をとったところ、当時の実寸図面や取り扱い説明書の写しを入手することが出来たそうだ。

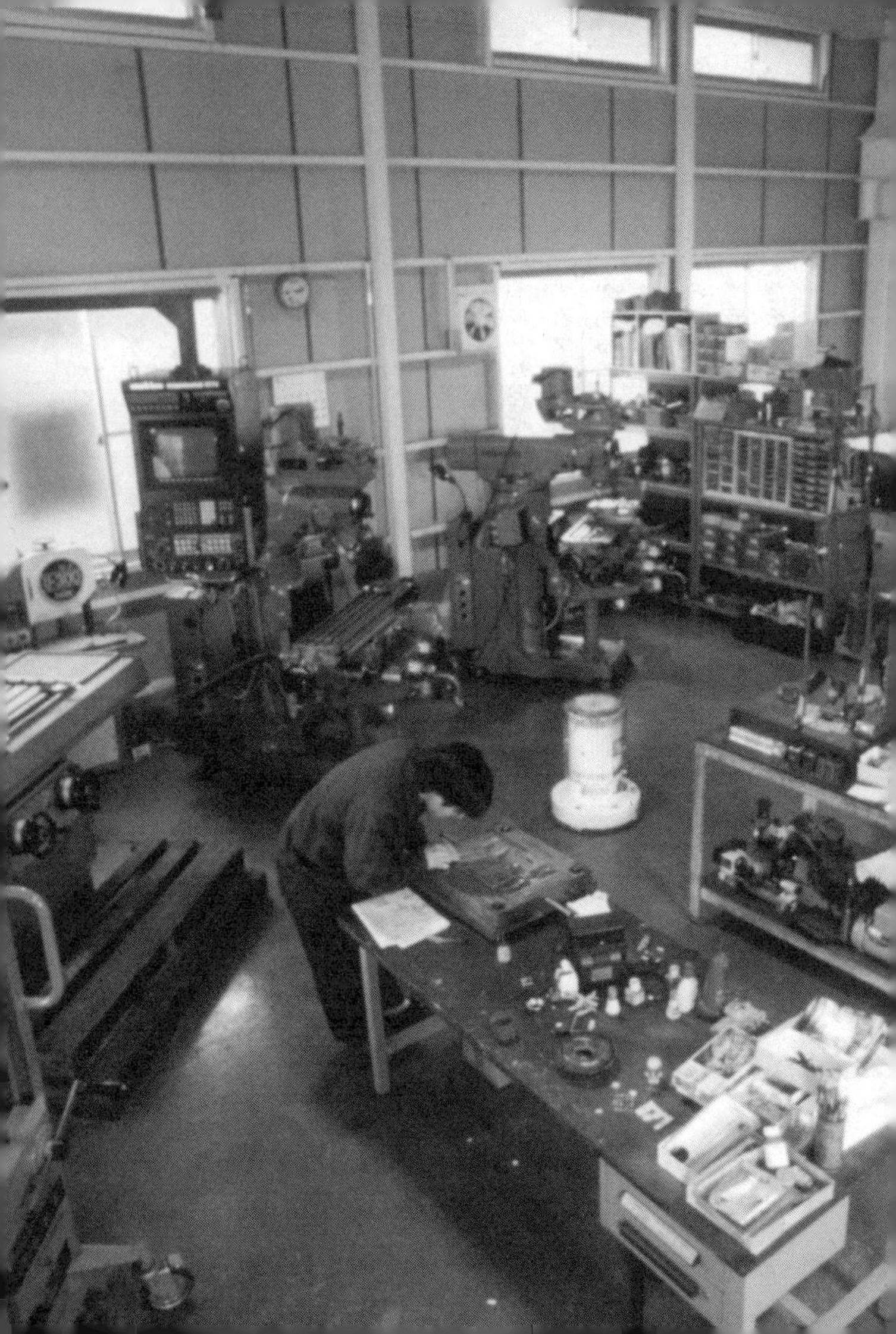

こう書いてしまうと簡単だが、この間に彼が費やした時間は約一カ月。あきらめずに、地道な作業を重ねた結果である。

エンジンが決まった後は、絵的なバランスを考慮しつつカウリングの形状を出し、空気力学的なバランスをもとに機体の全長・横幅を割り出していく。

実際に飛びうる飛行艇としての検証を終えた図面を携えて宮崎監督を訪問すると、監督は「もう少しだけ後ろをのばした方がいい」とコメントし、図面にほんの少し線を加えてくれたという。「後日、垂直尾翼の曲線にも少しだけ手を入れてくれました。本当にわずかな微調整だったのですが、その通りにしたら、確かにカッコよくなったんです」

完成した図面を、金型を担当する鈴木さんに回してからは、プラモデルに同梱する説明資料の作成、箱のデザインをめぐる外部デザイナーへの指示など、最終的な商品の全体をとりまとめていった。

Photo : MIZUTANI Fumihiko

金型工程に回ったプラモデルづくりは、最も重要な局面に差しかかる。ファインモールドの仕事の特徴は、ここまでにふれた製作前段階の作業の厚みと、極力外注を使わない社内一貫生産にあるが、その中でも最も重要なのが金型の工程だ。金型製作の技術を内部に持てるかどうかは、プラモデルメーカーの仕事のすべてを左右する要素だという。

「金型の三次曲面は、いまだに機械工作では仕上げることができない職人の手仕事です。この工程だけで三〜四カ月はかかる。外形はワイヤーで切り出せますが、最終的な曲面はタガネで彫ったり、ヤスリで磨くしかないんです。

技術を身につけるのに必要な年月は、最短でも五〜六年。一〇年やって出来ない人もいます。たとえ正確な図面があっても、模型をわかっていない人がやっては話にならない。本当にセンスと技術が求められる仕事なんです」、と鈴木さん。神谷氏も補足する。

「外注の金型屋さん相手では、こんなにいいものは出来ません。十言い尽くしたところで、一も汲んでくれないでしょう」

2008年現在、金型の製作は三次元CAD CAMで行われている。データを直にうち出す大型加工機械や最新型のレーザー加工機の導入など、同社の製作環境は大きく変化している。必要に応じ、最終段階で手作業を加えることもあるという。

金型製作が始まってから四カ月後、完成した「紅の豚・サボイア」は、実機としての物理特性とアニメーションの印象を絶妙なバランス感で持つ、希有な商品になった。マニアックな人たちからは「さすがファインモールド。飛行機をよくわかっている！」と誉められ、宮崎アニメのファンからは「映画のイメージ通りですね！」と喜ばれ、冒頭に書いたとおりのスマッシュヒットとなったのである。

「つくり手の気持ち」という品質

小さなプラモデルひとつに、途方もない量の知識と、高度な技術が投入されていることをあらためて知り、正直愕然とした。飛行機をめぐる歴史的な博識、エンジンや空気力学に関する知識、その詳細を調べあげるネットワークと作業量、そして専門技術。鈴木さんはこう話してくれた。

「そもそも模型なんて生活必需品ではない。僕らのような仕事

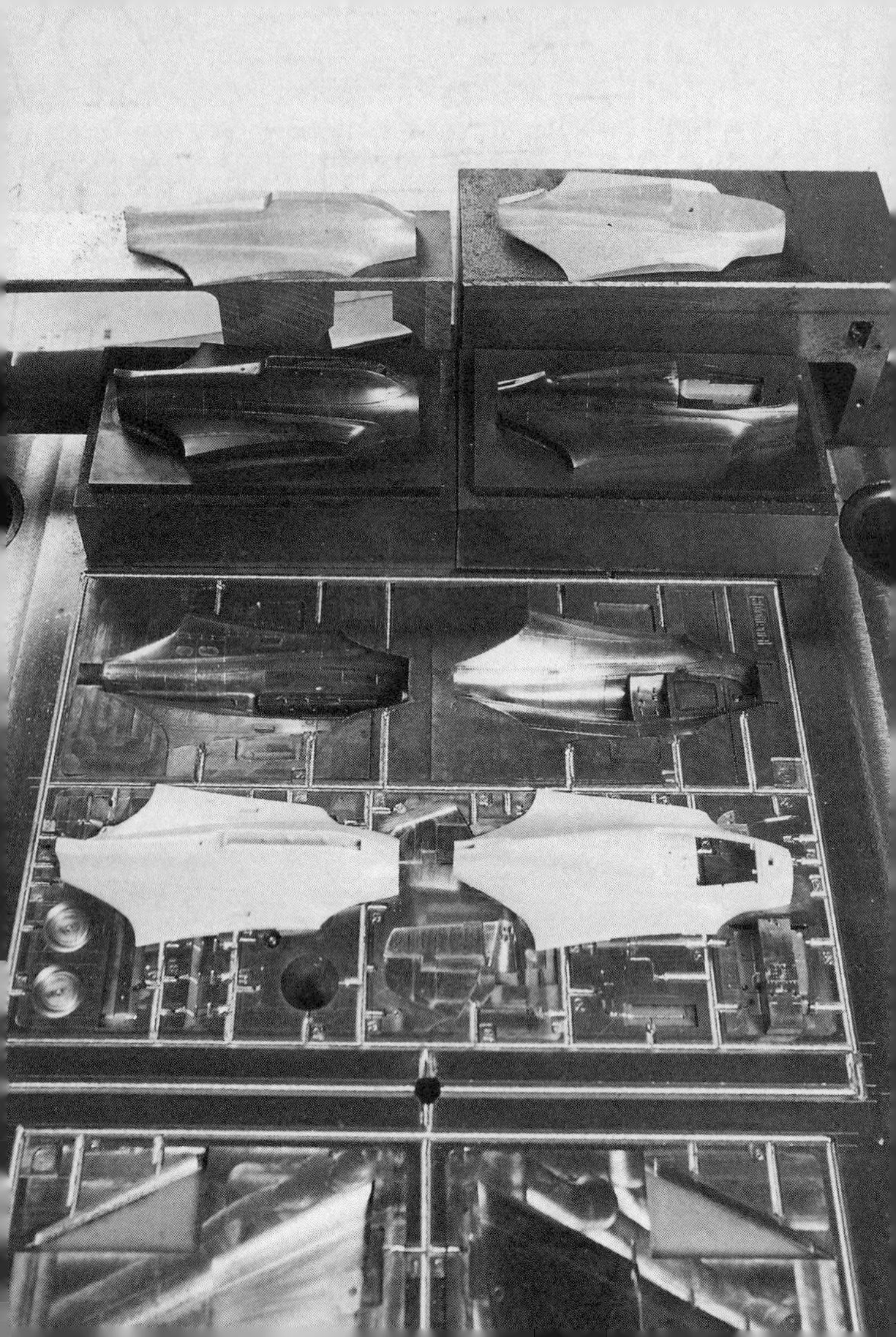

がなくなったところで、誰も困りはしないでしょう。だからこそ、つくる側が楽しんでいなかったら嘘ですよね。最初から遊びの世界なんだから、馬鹿みたいに思いっきりこだわった仕事をした方がいいと思うんです。

僕の出発点はガレージキットです。発泡ウレタンに、シリコンゴムを手流しして、少量のキットをつくる。同じ様な工程で大手のメーカーも商品を出すようになったけど、それがガレージキットかと言うとそうではない。ガレージキットっていうのは、〝自分が欲しいものをつくる〟という思想だと思うんですよ。

ビル・ゲイツも、アップルのスティーブ・ジョブスも、自分のコンピュータが欲しかったわけですよね。僕らの仕事も根は同じで、おのれの赴くままにです。つくりたい奴がつくったものは、ちゃんとわかるお客さんがいます」

会社が成長するにつれ、スペック上の品質はたいてい上がる。が、この時逆に下がりだしかねない別の品質がある。それは

Photo : MIZUTANI Fumihiko

〝どうしてもこれをつくりたい！〟という、つくり手の気持ちの鮮度だ。

モノがいくら充足しても、豊かさの実感が満たされない理由は、こんな単純なところに端を発しているのではないか。

鈴木さんもいうように、模型はたしかに生活必需品ではない。しかし絶対的に必要とされ、その意義があらかじめ約束されているものなど、この世の中にどれほどあるだろう。唐突な比喩かもしれないが、たとえば花を生けることは生活において必需ではない。が、それを意味がないということに意味はなく、花を生けようと思う気持ちに尊い価値がある。同じように、モノの価値も、結局のところはそれを「つくりたい」という純粋な気持ちの品質にかかっているのではないか。ファインモールドの仕事を拝見しながら、そんなことを考えた。

「馬鹿」になる？

前出の水口哲也氏が司会をつとめた、ある公開ディスカッシヨンに出かけたことがある。ゲーム作家の飯野賢治氏や、メディアアーティストの岩井俊雄氏、クリエイティブ・ディレクターの内山光司氏等が一堂に会したディスカッションで、アニメーターの森本晃司氏もその席に加わっていた。高い完成度を感じさせる仕事を数多く手がけてきた人たちだ。時には、「ここまでするかなあ」と思うほど細部に手が入っていて、こちらを嬉しくさせる。

完成度の高さは、八割方仕事が完成しても、「まだ足りない」「まだつくれていない」とつくり手が感じていることを物語っている。完成品に対するイメージの精度が、異様に高いのだと思う。

ディスカッションの最後に設けられた質疑応答の際に、「みなさんは自分の仕事に対する解像度を上げるために、なにか心がけていることはあるか?」という質問を投げてみた。「本物の体験を日常的に心がける」とか、「自分の中の尖ってる部分を常に忘れない」などの答えが返ってきた中、森本氏は次のように答えてくれた。

BEYOND CITY 森本晃司氏によるインターネットエンターテイメント
http://www.beyond-c.co.jp/

「自分がとことん馬鹿になれることを、忘れないことです。馬鹿をやれることを大事にする。もちろん自分だけでなく、馬鹿をやれる人についてもですよ」

馬鹿という言葉に〝いい意味で〟という注釈はナンセンスかもしれないが、失礼を承知で確かに森本氏は「馬鹿」かもしれない。彼が手がけるアニメーションは、意味や機能を越えた動きの魅力に溢れている。映像の内容より、動きそのものの気持ちよさに意識がさらわれてしまうほど、細部へのこだわりに満ちている。

馬鹿がする仕事の素晴らしさは、それが無償のものであることに尽きる。そこには自己証明すらない。この章のタイトルでもある「自分の仕事」という言葉からは、自我の確立や自己実現といったテーマが連想されやすいかもしれないが、ある意味では自我や自己など、小さな切れ目のようなものに過ぎない。章の冒頭で触れた佐藤雅彦氏や宮田識氏のエピソードは、個人的な気づきをきっかけに、自分を越える大きな全体へ繋がってゆく感覚の手掛かりとして紹介した。むろん、個性的であろうなどという話もしていないつもりだ。放っておいても自然に出るのが個性である。

無償であるとは、目的性を欠いているということでもある。賞賛を込めて馬鹿と書いている気持ちを示すために、ミヒャエル・エンデの言葉を添えてみたい。

「どんなことでも、意図をもちすぎてやるべきでないと思いますね。ものごとには、その価値が、まさに意図のないところにある、というケースもあるわけですから。なぜなら価値が、そのものごと自身の中にあるからです。

人生には、それ自体に価値のあるものが、とてもたくさんあります。経験というものは、何か他のことに役立つから重要なのではなくて、たんに存在しているというだけで重要なんです。(中略)木を植えるのは、リンゴが欲しいからというだけではない。ただ美しいからという理由だけで植えることもある」

後先を考えない人は「馬鹿」と称されやすい。しかし未来は、今この瞬間の累積以外の何ものでもない。最も退屈な馬鹿とは、いますぐに始めればいいことを、「明日から」「来年からは」と先送りにする人を指すのだと思う。いま現在の充実を積み重ねることが何よりも大事であるのに、私たちは様々なことを先送りにしやすい。今この瞬間の幸せよりも、将来の幸せの方に重心を置きやすい心性がある。

臨床哲学を提唱する鷲田清一氏は、近代の産業主義的な価値観の特徴を、常に前向きのパースペクティブを持つ時間感覚として説明している。

「たとえば企業での仕事を考えてみよう。ある事業（プロジェクト）を立ち上げるときに、まず利益（プロフィット）の見込み（プロスペクト）を考える。その見通しが立ったなら、計画（プログラム）作りに入る。そしていよいよ生産（プロダクション）にとりかかり、販売がうまくいけば約束手形（プロミッソリー・ノート）で支払を受ける。そしてこの事業が全体として会社の前進（プログレス）に寄与したことが明らかになれば、担当者には昇進（プロモーション）が待っている。

できすぎなほどの〝プロ〟の羅列である。〝プロ〟とはラテン語の接頭辞で、〝前〟とか〝先〟、あるいは〝あらかじめ〟を意味する。このようにわたしたちは、未来の決済を前提にその準備として、いまなすべきことを考えてきた」（「MeSci Magazine」Vol. 3 2003 日本科学未来館より）

ファインモールドの鈴木氏にしても、森本氏にしても、彼らの仕事が持つ魅力の源泉は、働く中でつくり手本人が感じている喜びや快感にある。またその仕事の感覚は「いつか」ではなく、いまこの瞬間に向けられている。彼らは仕事において「今この瞬間の自分」を疎外しない。自分がほかでもない自分であることで、その仕事が価値を持つことをよく知っている。

このように行われる仕事は快楽的で、また本人だけでなく、他人をも疎外しないように思う。

頼まれもしないのにする仕事

「自分の仕事」というテーマについて最後に、イタリアにおけるデザインの仕事と日本のそれを比較してみたい。とてもわかりやすい対比が見えるので、デザイン以外の仕事にもヒントになると思う。

デザインという仕事の本質はモノを形づくることよりも、むしろ〝提案する〟ことの方にある。デザインの仕事はクライアントから依頼されるもので、そうでないものは作品やアートと呼ぶ方が相応しいと思う人もいるかもしれないが、決してそんなことはない。

歴史を少し遡ってみよう。デザインの黎明期、たとえばウィリアム・モリスからバウハウス、モダンデザインまでの約一〇〇年間を眺めてみると、そこにいるのは、誰に頼まれもしないのに何かをつくりつづけた無数の先駆者たちだ。モリスのチョ

ウィリアム・モリス
(William Morris／1934―1986年)
資本主義社会発展期のイギリスで、手仕事の価値を再提案する「アーツ・アンド・クラフト運動」を展開。機械産業による大量生産への反意表明として行われた彼の仕事は、近代デザインの枠組みの外側にある。

◀DCM／イームズ(Eames)
(写真提供：ハーマンミラージャパン)

ーサー著作集にも、マルセル・ブロイヤーのワシリーチェアにも、イームズのＤＣＭ（椅子）にも、クライアントは存在しない。

これらの仕事において、デザインとは極めて個人的なアイデアを、具体的な形で世の中に提案する仕事だった。企業の依頼をうけてその経済活動を美的側面から支援するというデザイナーの仕事は、おもに大戦以降、資本主義経済が発展してゆく過程で形成された、わずか約半世紀間のデザイナー像に過ぎない。

そのスタイルが最も極端化した国が日本。そして同じく近代デザインを発展させながら、日本の対角線上に位置しているのが、僕の知る限りイタリアという国である。

企業社会のあり方をめぐる日本とイタリアの違いは実に好対照で、デザイン・プロダクトをめぐる差異の多くも、間違いなくそこに起因している。

イタリアは、無数の中小企業で構成された社会だ。もともとが共和国制で、ひとつひとつの市場規模が小さく保たれていたことがその背景にある。この国の企業の大半は家族経営だ。国営企業のように大きいフィアットやオリベッティなどを例外に、社員数が三〇〇人を越える企業はめずらしく、ほとんどの会社は社員五名とか、多くても数十名の中小企業。世界的に有名な照明器具メーカーが、わずか一五名で運営されていたりする。社長以下、セールスプロモーションと在庫管理、そして小規模な製造ないしアッセンブル部門で構成されるイタリアのメーカーは、ほぼ例外なく社内にデザイン部門を持っていない。商品計画は、契約を交わした外部のアートディレクターを中心に進められ、デザイナーは各企業とプロジェクト単位で仕事をする。

このような背景もあって、イタリアのデザイナーの大半は、大学を卒業した瞬間からフリーランスとなる。ほとんどの企業は専属のデザイナーを雇わないし、有名なデザイン事務所の席にも限りがあるからだ。従って彼らは常に、自分のデザイン提案を企業あるいはアートディレクターに持ち込んで、仕事のチャンスを自らつくり出す。

建築を頂点とするイタリアのデザインの伝統もあって、提案の内容はグラフィックから家具、あるいはプロダクトや自動車まで、カテゴリーの枠を越えて生活の多岐におよぶ。こういうモノが足りないのではないか、まだ存在しないんじゃないか、人々が待ち望んでいるに違いない……。

イタリアではデザイナーという言葉の代わりに、「プロジェッティスタ」という言葉がよく使われる。全体を計画し前へ進めていく人、という意味だ。つまり、イタリアにおけるデザイナーの仕事は、依頼されたモノに美しい色や形を与えることでも、特定分野に限られた専門職でもない。『何をつくるか』を提示し、現実化に向けたリーダーシップを取ることがその仕事の本随なのだ。仕事の起点は、それぞれのイマジネーション(想像力)にある。

日本はどうだろう。この国のデザインの最も大きな特徴は、デザイナーの大半が企業勤めのインハウス・デザイナーであること、平たく言うとサラリーマンであるという点にある。グラフィックは多少例外的だが、プロダクト、建築、アパレルその他もろもろのデザイン分野においてインハウスデザイナーの割合は圧倒的に多く、この傾向は世界的に見ても特徴的だろう。

当然こうした社会では、デザイナーの個人名よりも、ソニーやホンダといった企業名が先に立つ。またモノづくりの多くは、個人のイマジネーション以前に、会社の経営戦略やマーケティング、開発技術を起点にして行われる。デザインの仕事はカテゴリー別に専門化され、一人のデザイナーが様々なモノづくりに関わる事例はきわめて少ない。

単純に比べると、イタリアのデザイナーは個人に立脚したところから仕事を展開し、日本のデザイナーは企業を起点に仕事を展開してきた。別の言い方をすると、前者は「頼まれもしない」のに自分の仕事を考え・提案し、後者は他者から依頼されることで仕事をはじめる。

しかしそんな日本でも、自分自身から仕事を立ち上げる人たちが、目立って増えてきたと思う。少なからぬ人々が自らを起点に考え、イメージし、それを具体化する仕事を楽しみ始めている。フリーエージェントという考え方も、その一つの象徴だろう。不況による企業の新入社員雇用数の減少と、カフェづくりのブームが時期的に重なったことも興味深い。メーカーポジションで、自ら商品を製造するデザイナーも徐々に増えている。

デザインの分野に限らず、私たちは企業という母体からの乳離れを始めているのかもしれない。GDPの数値が、豊かさの実感や人生の充実感に直結するわけではないことは、既に知っている。自分を満たす、自分事としての仕事。

もちろん、会社で働くことと個人で働くことを、対立的に捉える必要はない。要は、仕事の起点がどこにあるか、にある。私たちはなぜ、誰のために働くのか。そしてどう働くのか。「頼まれもしないのにする仕事」には、そのヒントが含まれていると思う。

3 「ワーク・デザイン」の発見

新しいオフィス像を探そう

二〇代の後半、僕はあるゼネコンの設計部にいて、新しいオフィスの研究開発プロジェクトに参加していた。

異なる部門から集められた数名のグループによる、二年間のプロジェクト。普段はあまり接触のない他部門の人々と、本人たちにもまだわからないなにかを探し出し、最後には具体化する。ルーティンワークの逆をいく「プロジェクト」という仕事の在り方が、とても楽しかった。

そのプロジェクトは、当時台頭しつつあったグループウェアというIT技術を軸に、新しいオフィス像を描き出すことを目標に据えた。

道具／TOOL
空間／SPACE
スタイル／STYLE

「グループウェアオフィスの開発」報告書
1994年5月

これからの新しいオフィス像を、単に「空間／SPACE」の問題として捉えず、この三つによるワーク環境として捉えようと設定した（この考え方は、当時の富士ゼロックス社の取り組みを参考にしている）。

インテリアデザインの分野から参加した自分は、まずは空間が、人々の働き方やクリエイティビティに強い影響を与えることをあらためて理解し、興奮した。

たとえば、パーテーションの高さを少し変えるだけでも、コミュニケーションは大きく変わる。大部屋型のオフィスは、個室型に比べると暗黙知（明文化しなくとも共有される組織内の価値観や文化）が共有されやすい。

パントリーの配置を変え、さらに掲示板やメールボックスと組み合わせることでワーカーの滞留時間を延ばし、アドホックなコミュニケーションの発生率を劇的に増加させたあるニューヨークの企業の事例は、パントリーといえばオフィスの片隅にある狭い給湯室のイメージしか持てずにいた自分の目に、画期的なデザイン・アイデアとして映った。

「オフィス・ランドスケープ」

中でも興奮したのは、ドイツのクイックボナー社が一九六〇年代初頭に提唱したオフィス・ランドスケープという概念だ。蟻の巣のように有機的なオフィスのレイアウトプラン（次頁）が、強く印象に残った。

この一見グラフィカルなレイアウトは、一九五〇年代のビル建築における構造的な技術革新を背景に可能となったものだ。それまでの建築物では、各フロアーの壁も構造体の一部であったため、大きなワンフロアーをつくり出すことが出来なかった。いくつかの部屋が小割に存在し、人々は部門ごとに分かれて働いていた。

しかし五〇年代のアメリカで、壁を構造体としない、柱構造のビルが建ちはじめる。これらは外壁面を構造体として使わな

◀出典：「インテリア」1975年11月増刊号（インテリア出版）「オフィス・ランドスケープ〈オープンオフィスのプランニングと方法〉」

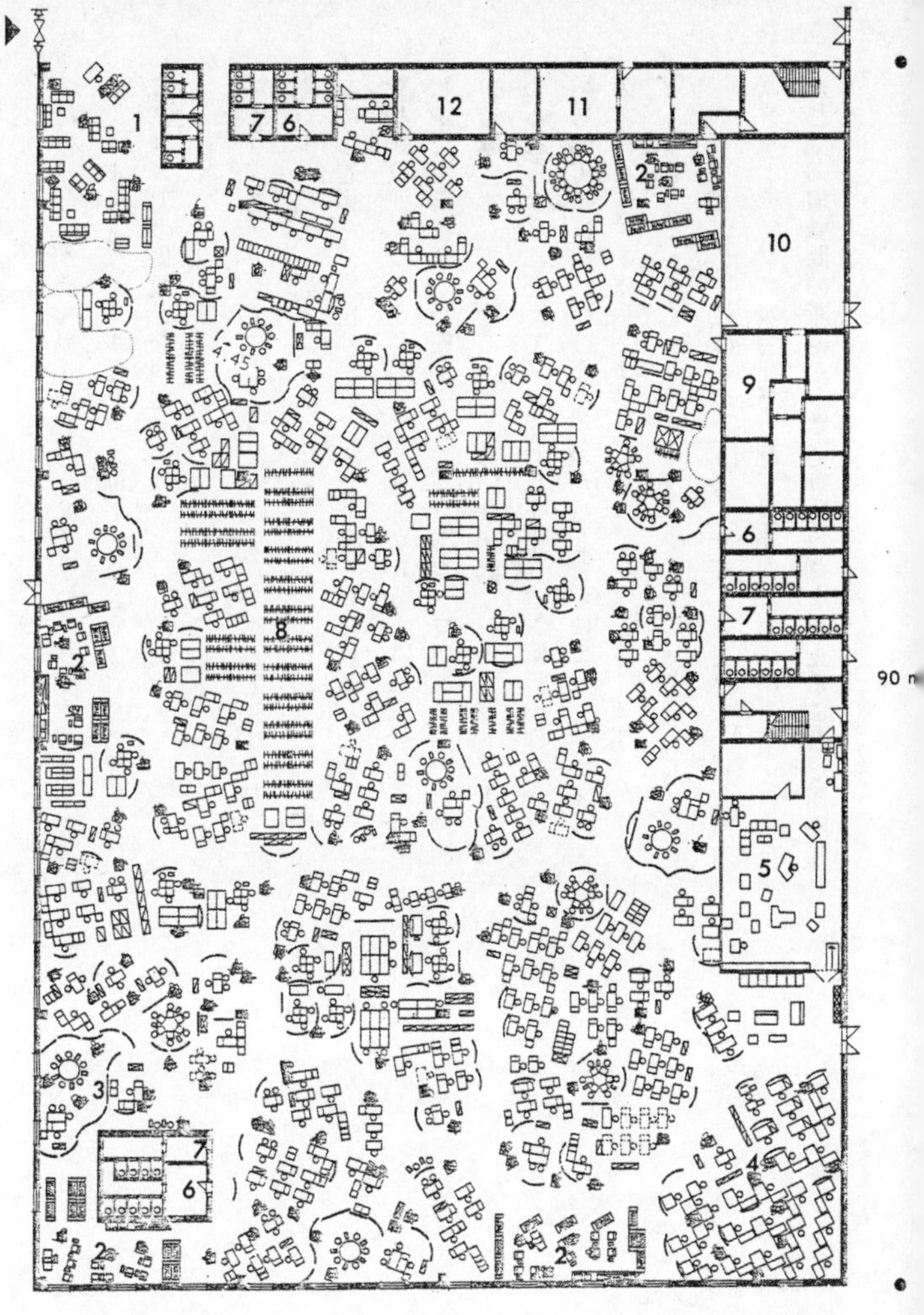
1
7
6
12
11
2
10
4 45
9
6
8
7
2
90 m
5
3
7
6
4
2
2

いため、全面ガラス張りの新しい外観をつくり出すことができる。カーテンウォールという名前で呼ばれたこれらの建築物は、モダニズムの象徴となった。

オフィス・ランドスケープは、ヨーロッパとアメリカで一時期ブレイクし、家具メーカーもそのアイデアに沿った商品開発を推し進めた。現在のオフィスでも多く見られるパーテーション型のブースシステムは、この動きの中から生まれたものだ。しかし企業組織の規模が大きくなり、ワンフロアー内の処理能力を越えてしまったこと、あるいは頻繁なレイアウト変更が求められるようになって、コミュニケーション解析の作業がビジネスの実態に追いつけなくなったことなどにより、オフィス・ランドスケープの手法は下火となっていった。

クイックボナー社は、オフィス・デザインではなくビジネスコンサルティングの会社だった。企業のコンサルテーションを通じて、組織間の断絶が企業活動に負荷を与えることを痛感していた彼らは、カーテンウォールの内部に生まれた新しい大空間にコミュニケーションの観点から新しいオフィス空間を描き出せる可能性に気づき、それを具体化した。

オフィス・ランドスケープは、まずその会社の各部門間のコミュニケーション量の解析から始まる。部門と部門の間に結ばれた蜘蛛の糸のような関係性を、数値とグラフィックで可視化し、それを空間に落とした結果が先の図（二四三頁参照）のようなオフィスレイアウトとして提案された。有機的な動線計画は、偶発的なコミュニケーションの発生をも期待している。人々のコミュニケーションや組織の活性化に、インテリア・デザインが強く関係しうることに、僕はようやくあらためて気づきはじめた。

空間は人に働きかける

たとえば二人でミーティングをする時、どのような配置関係でテーブルにつくのがよいか。内容に応じ、向かい合わせに座る方がよい場合もあれば、コーナーをはさんで90度に並んだ方がよい場合もある。

　空間を自由に使うことができれば、人は自然に内容に相応しい座り方、空間の使いこなし方を選ぶ。が、席の配置やテーブルの形が固定的に与えられているため、自然なコミュニケーションが疎外されている。そんなことがオフィスの中で、あるいは町中のカフェやレストランでも、頻繁に起こっていることに気づいた。

　オフィスの会議室にある長机を、レクチャーなどの発表会では同じ向きに並べ、ミーティングでは口の字型に並べて使う。後者の口の字型の配列は、連絡会議など周知型の会議ではなんとか機能するが、積極的にディスカッションを重ね、なんらかのアウトプットをつくり出す必要のある会議では機能しにくい。これは経験則によるものだが、コラボレーション的な要素が求められる、つまり強い参加性が必要とされるミーティングでは、テーブルは一枚板か、すくなくともひと繋がりに連続している

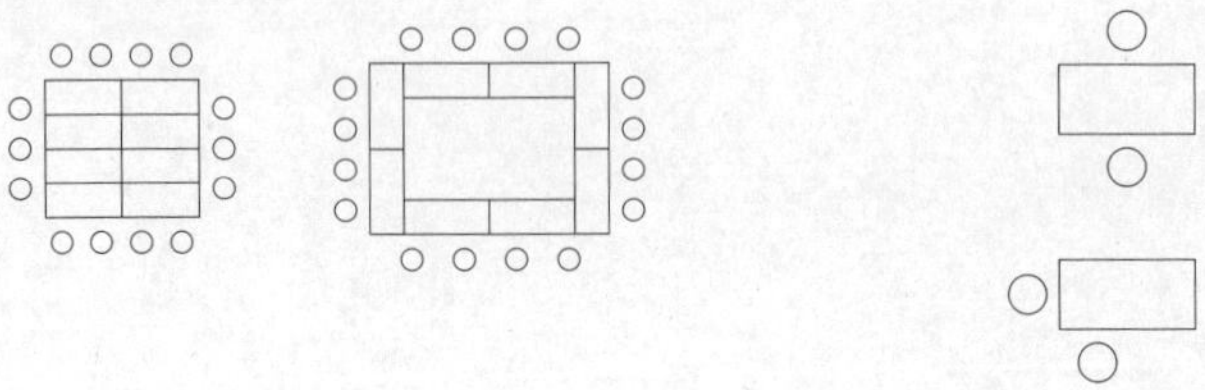

大机。しかも長方形などの対面型とせず、できるだけ円か正方形に近い方がよい。

余談になるが、あたらしい事務所用の家具を探していた時、あるインテリアショップで、「対面型のテーブルだと緊張して商談がまとまりませんよ」と、おむすび型のテーブルを薦めてくれた店員さんがいた。この人は家具ではなく、家具を通じたコミュニケーションを見据えているんだなあ、と感心したのを思い出す。

椅子も重要だ。重役会議室にあるような安楽椅子は、座り心地はいいが、参加者の姿勢が後方傾斜してしまうので、積極的な参加を求めたいミーティングには向いていない。そんな時は、無理なく前方傾斜が取れる椅子が望ましい。

アメリカのあるオフィスを視察してきた友人が、会議室にロッキングチェアーを使っている事例を見せてくれた。前にも後ろにも自由に傾けることが出来、こまかいモードの切替を可能にしている。デンマークの小学校用の椅子には、四脚の足の取付位置が45度回転しているものがある。左右の脚に対して、前後の脚が少し短いため、簡易的なロッキングチェアーとして機能するデザインだ。こうしたアイデアを、オフィスに転用するのも悪くないだろう。

開発速度の早いシステム開発を担う米国の企業、たとえばシリコン・グラフィックス社などでは、オフィスのいたるところにホワイトボードがあり、一部のミーティングルームでは机の天板や、廊下の壁もホワイトボードの素材で仕上っているそうだ。新しいアイデアはどこで生まれるかわからない。廊下の立ち話からイメージが広がった時、それをその場で誰かと共有するための工夫だ。口頭だけで交わさず、落書きや単語の羅列でもよいからアイデアを実際に書き出して眺めるほうが、他人との間で発展しやすい。

空間は人に働きかけ、人は空間に規定される。その使い方を

心得ている人は、人を心地よくもてなし、力を引き出すことも出来る。また時には権力者として、操作的にもなれる。

イタリアのムッソリーニの執務室は巨大な立方体空間で、そのいちばん奥の隅に机が置かれていたという。そのほかの家具は一切置かれず、壁面には天井までそそり立つ列柱が描かれ、床面は磨き上げられた大理石。部屋に入る扉は机のちょうど対角にあった。ムッソリーニとの面会でこの部屋に入る人々は、彼の机の前へ歩いてゆく間に、その空間の緊張感や自分の無防備さ、室内に響く自分自身の足音に打ちのめされてしまったそうだ。

見えない仕事場：マネージメント

オフィス・プランニングが俄然面白くなってきた二〇代後半、フィンランドで開催されたフレックスワークに関する国際会議に参加する機会を得た。

フレックスタイムは、就労時間を固定化しないことで各人の就労リズムの自律化をはかり、ひいては残業コストを軽減しようという手法だ。これに対し「フレックスワーク」は、時間だけでなく、場所や就労形態までを含んだフレキシブルなワークスタイルを目指している。

フィンランドでは、北部は厳寒の地であるため、ヘルシンキを含む南部の州に全人口の約一割が集中している。これは、日本における東京への人口集中と同じ比率で、規模は十分の一とはいえ彼らにとっては深刻な一極集中問題だ。その対策の一環として、地方での知的労働を可能とするテレワーク(通信技術を利用した遠隔ワーク)が検討されていた。

同会議では、北欧三カ国におけるテレワークの取り組みと、その課題が共有された。

日本からは住信基礎研究所から、リゾートオフィスやサテライトオフィスに関する報告が行われた。都心部のメインオフィスでなく、郊外の良好な自然環境の中や家のそばにあるサテライトオフィスで働くことで、知的生産性を向上させよう、通勤

時間を短縮させようというもくろみだ。しかし実態としては、その試みの大半が失敗していた。生産性があがるどころか、それらの場所で働くワーカーは、都心部のオフィスの動きとの隔絶を感じるようになり、あらゆる意味で仕事が求心力を失ってしまっていたのである。

ちょっとした資料まとめや考え事を、オフィスでなく家の書斎でこなしたり、カフェやホテルで行うことは、それ以前も個人の裁量の範囲で行われていた。とりたてて新しい話ではないし、インターネットが普及した今ではさらに一般的な話だ。しかし、一定期間を越える恒常的なものとなると話は違う。明言化されない阿吽の呼吸の中で働いていたワーカーたちは、メインオフィスの動きを計りきれないことから一種のノイローゼや、必要以上に勤務評価に気を揉む状態に陥っていた。

人はオフィスという空間だけでなく、「マネージメント」という、目に見えない環境の中で働いている。

考えてみればあたり前の話だが、テレワークやフレックスワークは、空間のデザインから「ワークスタイルのデザイン」という観点へ僕を移してくれた。そして興味は、組織論やマネージメント論へ移りはじめた。

勤続年数に応じて幾何級数的に給料を上げる旧来の日本の給与体系が、高度成長期のピラミッド型の人口分布や、終身雇用という生涯契約型雇用が可能とした一種の後払いのシステムであること。欧米企業の給与体系では、このような仮しのぎ的なシステムは採択されていないこと。

もともとは「所」という字を充てていた「一所懸命」という言葉が、終身雇用制の価値観の中で、生涯をかけて行う「一生懸命」という文字に置きかえられていった話。

日本企業の経営者が自社を「うち」と呼ぶ時、そこには都市部への集団就職によって地縁社会から切り離された人々を、あらたに取り込む共同体としての、疑似家族的なイメージ操作が見られることなど。

生物学の分野にも、組織論に興味深い視点を投げかける研究がある。ある研究は、蟻の社会を大きく通勤型と職住近接型に分けていた。通勤型とは、巣と餌場が離れているタイプ。アリが行列で移動してゆく光景がそれに該当する。職住近接は、たとえば倒木のように餌場そのものが巣を兼ねているタイプだ。両者における蟻の活動を観察すると、前者の社会の方が圧倒的に働き、また死んでゆく蟻の数も多い。後者は、働きすぎると自分たちの巣そのものが崩壊するというジレンマからか、通勤型社会の蟻のようには働かないという。都市圏の長時間通勤や、単身赴任者のアグレッシブな仕事ぶりが支える社会は、このどちらだろう。

話にはきりがないが、人が働いている環境は、物理的なオフィス空間だけではない。その一つは、たとえばリズムである。あるグループウェアの研究者は、グループの活動を支える三要素として「リズム・境界・器」をあげていた。良好なコミュニケーションには、確かに快適なリズムがある。

当時、自分が働いていた会社は組織の規模が大きく、社員が交わす話の大半は、社内か業界の話題に終始していた。大きな組織は、社会内小社会として閉じやすい。また、変革期の組織では頻繁に組織改編が試されるため、働く人の関心はより内向きになりがちだ。

人は、社会的な生き物である。その活動の基盤は、目に見えないマネージメントという環境にあり、人々はその中で働いている。そんなことを、あらためて痛感した。

1分間マネジャー

働く意欲が、暗にコントロールされているとかいないといった話を抜きにしても、優れたマネージメントのもとで働くのは気持ちがいいものだ。それは自分のエネルギーが、効果的に解放される実感が得られるからだろう。

この頃、『1分間マネジャー』(ダイヤモンド社)という本に出会った。六〇年代にアメリカで大ヒットした"One Minute Manager"の翻訳版。部下の創造性を向上させるにはどうしたらいいか、と頭を悩ませている多くのマネージャー層に対し、「人は気持ちよく働いている時にいい成果を出す」という、いたってシンプルな事実を提示し、そのための方法論を具体的に記述している。

この本は、ケネス・ブランチャードとスペンサー・ジョンソンという二人の博士によって書かれている。ちなみにS・ジョンソンは、日本でヒットした『チーズはどこへ消えた?』(扶桑社)の著者でもある。彼らは、ハーバードビジネスレビューのように四角張った言葉ではなく、平易な寓話形式でマネージメント論をやさしくひもとくのが得意だ。

"One Minute Manager"は、当時日本製品などにおされて意気消沈していたアメリカの産業界を奮い立たせたという。そのメソッドは、アップル・コンピュータやヒューレット・パッカード、AT&Tなど多くのメジャーカンパニーで採用され、実際に効果をあげてきたそうだ。

詳細は書籍にゆずるとして、そこに書かれている最も重要な指摘は、「成果は目標ではなく結果にすぎない」という言葉だ。そして、「人はいい仕事をしたい生き物だ」という、一種の性善説が根底に流れている。これは僕も賛成だ。

仕事とは、社会の中に自分を位置づけるメディアである。それは単に金銭を得るためだけの手段ではない。人間が社会的な生き物である以上、その生涯における「仕事」の重要性は変わることがないだろう。自分が価値のある存在であること、必要とされていること。こうした情報を自身に与えてくれる仕事には求心力がある。あらゆる仕事はなんらかの形で、その人を世界の中に位置づける。畑仕事のような個人作業でもそうだ。自然のサイクルの中に、自分の存在を確かめることができる。

人はどんなに大金持ちになっても、なんらかの形で働こうとする生き物だろう。お金持ちはお金持ちなりの仕事を、自分でつくり出すはずだ。それは人間が、外の世界との関わり合いを通じてしか自分が存在する実感を得ることができず、またそれを常に渇望していることを示している。

『1分間マネジャー』は、いい仕事がしたいという人々の根源欲求を前提に、〝マネージャーの本来的な仕事は管理ではなく、そうしたワーカーの欲求に応え、サポートすることにある〟というメッセージを伝えている。

「いい仕事をしろ」と言う前にすべきことがあるし、それを言ったところではじまらない。そもそもいい仕事をしたいのだから、そのための疎外要因を取り除き、力づけるのがマネージャーの仕事なのだ。

ワークデザイン研究室との出会い

九〇年代の初め、リクルート社のワークデザイン研究室が「RESUMEX」という豪華な冊子をつくり、希望者に無料で配布していた。仕事とは何だろう？ 組織とは何だろう？ 遊びとは何？ 時間とは何？ 根源的な問いを各号のテーマに据えた、読み応えのある冊子だった。

彼らを会社に招いてそのプロジェクト・メンバーとのディスカッションの機会を設け、先方のオフィスも時折訪問するようになった。同年代のスタッフも多く、室長の横山清和氏の懐の広さに甘えながら、彼らの研究を間近で学ぶことができた。

その過程で気づかされたのは、空間やマネージメントがよくデザインされたとしても、それだけで人が生き生きと働けるとは限らないということ。彼らは「仕事の意味」にフォーカスしていた。「やり甲斐が感じられる仕事」、ないし「意味のある仕事」とも言えばいいだろうか。

「意味のあること」「意味のないこと」。この二つが並んでいたら、人は意味があると思える方を選択する。人間という生き物は、意味を食べて生きる動物であり、意味がないと感じられることを長期間つづけることは出来ない、というのが横山氏の考え方の根底にあった。

「意味のない仕事」は、人にとって耐え難い苦行だ。たとえば、二つのバケツの間で水を入れ替える作業を無限にくり返させるという刑罰が、昔のロシアにあったという。

世間の仕事をあらためてふり返ると、多くの仕事は本来の意味を失ってしまっている。高度成長は達成され、モノは身の回りに十二分に溢れた。世界人類の一部は、「安定的に生存する」という長年の目標を、一見達成してしまったかのようだ。なんのために生きてゆくのか、存在しつづけるのかという目標が「発展」という言葉で共有されていた時期は、少なくとも先進国社会では終わりつつある。

そうした中で、ひとつひとつの仕事が、意味的な危機をむかえはじめている。すでに沢山のモノが溢れているのに、これ以上モノをつくる意味があるのかどうか。モノづくりに限らない。教警察官は戦う相手を失い、仕事への誇りを失ってしまった。教師という仕事も、予備校などの台頭により本来の価値を希釈された。

同研究室が編纂した、『モチベーション・リソース革命』という冊子がある。一部転載してみたい。

「圧倒的な商品力・技術力をもって他社にたいして優位を占めている企業はごくわずかである。むしろ、日常的な小さな配慮・努力・献身・工夫などの小さな差異・小さな信頼が無数につみかさなって、他社との業績の格差になり、優位を占めている企業が大半である。

ひとつだけとりあげれば取るに足らないとも思えるようなこの小さな差異の創造と持続をささえるものが、働く人のモチベーションなのである」

ちょっとした工夫や、小さな気配りの積み重ね。もう一頑張りした資料作成や、ささやかな電話の応対、店頭での態度など。こうした小さな前向きの仕事を生み出す源泉は、一人一人の「働く意欲」にある。自分の仕事に、意味が感じられるかどうか。

冊子は、多くの仕事が「モチベーション・リソース」を含み

『モチベーション・リソース革命』〝働く意欲〟はいかにして生まれるのか　リクルート社・ワークデザイン研究室

にくなった現在、どのような形でそれを再提供できるかという事例と考察をまとめている。一〇〇人を超えるサンプルに、「あなたはどんなときに生き生きと働くことが出来ているか」をヒヤリングした結果から編み出されたというこの冊子は、モチベーションの源泉を再考するに十分な要素を含んでいた。

たとえば、お客を降ろす時に車を停める場所や、ちょっとした車体の揺れに対する気遣いを重ねることで、いつの間にか一年間のスケジュールが予約で埋まるようになったタクシー・ドライバーの話。そこには、「人の役に立ち、評価されている」という、力強いモチベーション・リソースがある。

大手企業の経理事務、ロッジの手伝い、プログラマー、営業と様々な職種を経験してきたが、もっとも生き生きと楽しく仕事が出来たのはスーパーのレジ打ちだった、と語る女性も登場する。最初のうちは仕事が単調に感じられ、短大まで出た私がなぜレジなのかと不満に思っていた彼女が、いつも見かけるお客さんには「今日は〇〇ですか」と声をかけてみたり、お年寄りの買い物なら持ちやすいように袋を二つに分けるなどしているうち、親しい挨拶や感謝の言葉をかけられるようになり、地域の人々とのコミュニケーションを深めていったという。そしてある日、隣のレジが空いているのに自分のレジにお客さんの列が出来ていることに気づき、深い感慨に包まれたそうだ。ここには、自分自身の発見や工夫が、手応えとなって戻ってくることの喜び。自分が認められ、かけがえのない存在として受け入れられることの喜びがある。「意味」は、自分が行った行為に対するフィードバックによって生成される。

JAF（Japan Automobile Federation）の仕事は、一見するときつい3K業務のように見える。車のトラブルは時間を選ばず、かつハードな状況下で発生する。しかし、JAFへの就職希望者は後を絶たないと聞いた。トラブルの現場へ向うと、必ず感謝される。修理中の担当者は、その一挙一動が注目を浴びる、ステージ上の役者のような存在だ。そして、自分の好きな車いじりで、人の役に立てることの喜び。僕もJAFの世話になったことは何度かあるが、現場を訪れたスタッフは生き生きと働いていて、嫌な態度を示された記憶は一度もない。その理由は、どうやら彼らの仕事に「モチベーション・リソース」が多く含有されていることにあるようだ。

社員が一〇〇人いたら、そのうちの一〇~二〇人くらいは放っておいても課題を見つけだし、自ら意味を見いだして働き始めることができる、主体的でセルフ・モチベイテッドな人材だろう。

問題は他の八割だ。その多くは、どのような環境や目標が与えられるかによって、能動的にも、受動的にもなりうる人々で占められている。企業にとって、どちらにでも転ぶこの社内のマスのハンドリングは重要なテーマだろう。「モチベーション・リソース革命」は、高度に自律的な一部の人材より、むしろそれ以外の多くのマス・ワーカーを対象にしたものだったと思う。

いずれにしてもそこで語られていることは、働き方について考える上で避けて通れないテーマだった。空間のリデザインで、人々のワークスタイルを変えることが出来る。しかし、同時にマネージメントという見えない環境づくりを行わない限り、それは機能しない。

そしてさらに、仕事そのものに含まれる意味を醸成しない限り、人々が生き生きと創造的に働く姿はあり得ないのだ。

私たちは「仕事」を買いに会社へ通っている

ワークデザイン研究室は、先に紹介した「モチベーション・リソース革命」の他に、「欧州7カ国ワークスタイル比較調査」という冊子もつくっていた。

人生における仕事の意味をはじめ、残業や休暇、グループワークなど、働き方をめぐる様々な事項について、7カ国のサンプルワーカーのコメントが横串に並べられた比較調査資料だ。

この冊子を読むまで、オフィス内で自席以外の電話が鳴っていたら、それを取って応対するのがあたり前だと自分は思っていた。が、それがあたり前でない国や組織があることを知って愕然とした。個人主義の能力社会、あるいは階層化が進んだ社会には、「他人の仕事を侵害してはいけない」「人の仕事を奪ってはいけない」という考え方もある。

冊子を通じて、自分が当たり前に思っていた働き方が、あくまで日本のローカルな常識でしかないことに気づかされ、目が覚める思いだった。もっとも強く頭を叩かれたのは、同じ頃、イタリア帰りの友人が聞かせてくれた体験談だ。

イタリア人の友人の家を訪ね、楽しい一時をすごしていたという。帰る時間がせまって、また来てくれるかなといった話になった時、彼は「そうだな、今度休みをもらえるのは……」と話し始めた。するとイタリアの友人は間髪を入れず、「休みをもらうって、誰から?」と、真顔で聞き返したという。

休みは誰のものだろう。当然会社のものではない、自分のものだ。しかしごくあたり前のように「会社からもらう」と言った。そう考える習慣がある。これはなんだろう。終身雇用的な思考習慣がここにあらわれているのだろうか。会社に入る時、日本人は自分の持ち時間を全部一度会社に預け、そこから少しずつ返してもらうような心持ちがあるのかもしれない。そもそもなぜ、会社「で働く」ではなく、会社「に入る」というのだろう。

そのようなことを彼は、瞬時に思いめぐらせたそうだ。

『パパラギ』（立風書房）という本がある。はじめて西洋文明を見た南海の酋長・ツイアビが、西洋の社会がどんなに奇妙だったかを部族の若者たちに聞かせた演説集だと言われている。確かにこの本は、西洋で常識化している仕事の概念を、心地よく揺さぶってくれる。

彼らは、パパラギ（白人）の「職業」という考え方はどうもおかしいと語る。いつも同じことをくり返すなんて、信じられない。結婚すると女は前の仕事を辞めてしまうなんて、信じられない。職業に就くために、若い時間のほとんどを費やして学ぶなんて信じられない。「職業」というのは、どうやら彼らの楽しみを食いつぶしているようだ。そんな労働なら、しない方がマシじゃないのか？

村落のような共同体社会と、西洋の都市型社会では、仕事のあり方は異なる。しかし、イタリアでの友人の体験談やパパラギと出会いながら、あたり前と思っていた自分たちの仕事、自分たちの働き方を見直してゆく中で、ひとつの疑問が浮かび上がってきた。

〝私たちは本当に会社に能力を売ることで対価を得ているのか？〟という疑問である。

人は能力を売るというより「仕事を手に入れる」ために、会社へ通っている。そんな側面はないだろうか。

首都圏のワーカーは、片道平均八〇分の時間をかけて満員電車に乗り、会社へ通う。決して楽とは言い難いその行為を毎日くり返す理由は、自分の求める「仕事」が会社にあり、近所ではそれを手に入れられないことにある。

先にも触れたとおり、仕事は自分を社会と関係づける重要なメディアである。日本のような企業社会では、「仕事」という資源はとくに会社に集まっている。私たちは野菜や食料を買うために、スーパーマーケットへ出かける。それと同じく、会社とは、「仕事」という商品の在庫をかかえたスーパーマーケットのようなものだと考えてみる。小さな会社は、商品（仕事）の品揃えが少ない。大きな会社は売り場面積も広く、商品（仕事）の品揃えや種類も豊富だ。

自宅に畑があり、近隣であらゆる食材が手に入るとしたら、スーパーには通わない。少なくとも依存的にはならないだろう。しかし私たちは通う。自給自足する手段を持っていないからだ。ワーカーが能力を売っているというより、会社が「仕事を売って」いるのである。

ところで、私たちが会社から仕事を買っているとしたら、そこで支払っている対価はなんだろう。

それは「時間」である。そして時間とは、私たちの「いのち」そのものである。

働き方研究のはじまり

はじまりは新しいオフィス像の研究開発だった。しかしその過程で、自分自身の働き方を見直さざるを得ないところへ至ってしまった。

会社にいる時は、よく会社のグチを口にする上司や中堅社員の姿を見かけた。そうした人ほど、いつまでも会社を辞めようとしない。グチをつぶやく心の裏側には、会社への期待感がある。しかし、いったい何を期待しているのだろう。そもそも期待すべき対象は自分自身であって、会社ではないのでは？

会社以外の場で仕事を自給自足する力を持ち合わせていれば、会社が望もうが望むまいが、フェアな関係を築くことは出来る。逆にいえば、これまでの企業は従業員が会社とフェアな関係を築けるほどの力を持つことを、望んではいなかったのではないか。「創造的であれ」とか「主体的であれ」と言っても、それはあくまでほどほどに。本当に主体的な人はコントロールしきれないし、本当に創造的だと、いつ会社を辞めてしまうかわからない。

以前の日本企業は一生涯をともにする村社会で、会社は人材を所有することを是としていた。が、こうした時期も終わりつつある。雇用調整を行わずに、ビジネス環境の激しい変化に対応してゆくのは至難の業だ。同時に社会の価値観は、所有価値から使用価値・共有価値へと動いている。社員という労働資源についても、常に多くの人材を企業が抱えてそれを維持するのではなく、必要に応じて雇用するプロジェクト型・契約型の就労制度に変わってゆくだろう。併行して、ワーカー側の労働観も変わってゆくはずだ。

いつでも、どこでも、誰とでも働くことの自由を、自分自身の力で獲得すること。

もちろん、これは論に過ぎない。

僕はこのオフィス研究の流れの中で会社を辞めることを選び、フリーランサーとしての仕事を始めるようになった（ここに書いている論理展開だけを理由に辞めたわけではない）。しかし、それまで勤めていた会社から仕事を入手しなくなったところで企業の仕事は手がけているし、別の言い方をすれば、東京という都市から仕事を得ているという構造には変わりがない。さらに言えば、資本主義社会という大きな傘の下で仕事を手にしているのは間違いのないことだ。

それでも、どんな状況下でも、自分の働き方は自分でデザイン出来る。「今日、どう働くか」は、自分で選択できるからだ。仕事を「自分の仕事」にするポイントは、仕事に自分を合わせるのではなく、自分の方に仕事を合わせる力にある。この本の最初に、自分を疎外しない働き方を選択できない人が多いのはなぜだろう、と書いた。なぜだろう。わかりやすい例を一つだけ、もう一度掲載してみる。

4＋6＝□

□＋□＝10

前者は、正解は一つしかないという教育。後者は、正解は無数にあるという教育。正解がどこかに既にあるという教育と、正解はあなたの中でこれから生まれるという教育の違いが、ここにある。成長のプロセスにおいて幾度も与えられたこのような教育や社会経験が、一人一人のセルフエスティーム（自尊感情・自己肯定感情）の育みを妨げてしまうのだろう。

かと言って近代教育や、近代と名のつくあらゆるものに反意を述べたいわけではない。そんな暇があったら、まずは手元にある仕事のやり方・在り方を自分で変えてゆきたい。自分の仕事に対するオーナーシップを、常に自分自身が持っていること。その仕事を通じて、学びを拓きつづけていくこと。これらは、この本を書いている僕自身の問題でもあるのです。

あとがき

大学時代にデザインを学んでいた頃、イタリアのデザイナー達が口を揃えて語る「デザインとは愛である」という言葉が、気になって仕方がなかった。

言葉の意味はわかる。しかし、その中に含まれている様々なエッセンスが、まだ具体的にわからなかったのだ。

象設計集団を訪れた際、取材に応じてくれた町山氏が、荒俣宏氏による昔の名建築の定義を教えてくれた。それは、

「驚きを与える」
「英知を結集している」
「なにがしかへの愛を表現している」

という三つの項目で構成されていたという。この定義には強く共感した。今頃になってようやく、この「愛」の意味するところが、わかってきた気がする。

仕事を通じて、自分を証明する必要はない。というか、それはしてはいけないことだ。

最大の敵は、常に自意識である。個性的であろうとするよりも、ただ無我夢中でやるほうが、結果として個性的な仕事が生まれる。

仕事とは自分を誇示する手段ではなく、自分と他人に対するギフト（贈与）であり、それが結果としてお互いを満たす。これは理想論だろうか。

贈り物は難しい。押しつけでは意味がないし、足下をみるなんてもってのほかだ。その人が欲しているけれど誰にも明かさずにいる、あるいは本人自身もまだ気づいていない何かを、「これ?」といって差し出すことが出来たら、それは最高のギフトになる。

デザインという仕事はまさにそうありたいものだし、デザインに限らずこの世界のあらゆる仕事がそのようにして成されたら、どんなにいいだろう。その時、仕事に対して戻される言葉は「ありがとう」になる。

仕事は大きく二つあると思う。「ありがとう」と言われる仕事と、そうでない仕事だ。

僕はデザイン教育を受け、デザインの世界で仕事をしてきた。が、かっこいいデザインが好きなわけではないし、そもそもデザインなんてどうでもいい。惹かれるのは「いい仕事」と称されるものだ。人々が「あれはいい仕事だね」「いい仕事だった」と口にするもの。これはデザイン界に限らず、料理やスポーツの世界にも同じように存在する。

特徴のひとつは、その仕事を手がけた人に対する感謝や尊敬の気持ちが湧き上がることだ。仕事に対して、「素晴らしい」でも「面白い」でもなく「ありがとう」という言葉が返ってくるとき、そこには何が込められているのか。その先を大切にしたい。

この本にはインタビューの他、僕が伝え聞いた、あるいは読み調べてきた、働き方をめぐるエピソードをちりばめた。むろんエピソードはエピソードでしかない。それが何を意味しているのか、作品にどう影響しているのか。想像や解釈は勝手にできるが、本当のところは、本人のみが知るところだろう。「いい仕事とはなにか」「それはどのように行えるのか」「仕事を〝自分の仕事〟にするためには、なにが必要なのか」。こうしたポイントの明示には、それほど留意しなかった。実用書ではない。手だてなど明記されていなくても、自分の仕事や働き方をふり返る時、既に個々のプロセスは始まっているのだと思う。

働き方の研究は誰にでも出来る。それは料理研究家の仕事にも似ている。資格制度はないので、名乗ってしまえばそれでいい。むろん名乗らなくてもいい。多くの主婦が、料理研究家と名乗らなくとも料理について模索し工夫を重ねているように、私たちは一人一人が無名の働き方研究家なのだと思う。

旅に出るたび、街のレストランより、むしろ家庭でいただく料理の美味しさが、その国の文化水準をあらわしていることを思う。一人一人が働き方について考え、工夫し、めいめいの「いい仕事」を手がけてゆくことで、社会全体が確かな質をともないながら、変わってゆくだろう。

謝辞

まず誰よりも、自分が会社を辞める際に力づけ、様々な仕事の機会を与えてくれた竹村真一氏に感謝の気持ちを述べたい。竹村氏とは会社員時代に、ある研究会で出会った。彼はそれこそファシリテーター的な存在として、その研究会をリードしていた。彼の言葉を通じて、まだ形をなしていなかった自分の中の様々な想いや経験が、具体的なビジョンに変化した。内面から生まれたものとはいえ、氏という触媒なしにはあり得なかったことを強く思う。

オフィス商品の研究開発をともに手がけ、大きな手掛かりを与えてくれた、鈴木敏行、掛井秀一、木俣信行、松本順、田中宏隆の各氏にも。一〇年経った今、ほぼ全員がすでに同じ会社に残っていないのも感慨深い。リクルート社のワークデザイン研究室と、同組織の横山清和氏と赤松智氏は、ワークデザインという視座に気づかせてくれた恩人だ。彼らに学んだものは多い。ワークデザイン研究室は九〇年代中頃に解散している。サルブルネイというデザイン事務所を率いる松本弦人氏にも感謝したい。二〇代後半に出会って以来、会社帰りによく事務所へ遊びに立ち寄らせてもらった。本を読んだりビデオを見ながら、彼らの働いている姿を横で眺めているうちに、働き方が違うことで成果が違ってくることを強く実感するようになった。

編集者の稲本喜則氏は、お金をもらって原稿を書くのははじめてという当時の僕に、なんと連載を依頼してくれた。働き方研究の基軸となったのは、彼が当時勤めていた「AXIS」というデザイン誌における「レッツ・ワーク！」という連載だ。本の中で馬鹿に関する話を書いたが、彼も素晴らしい馬鹿であることを添えておきたい。同誌の宮崎光弘、大田浩司、上條昌宏の各氏には、連載誌面のデザインや取材先のアイデアなどをめぐり、多くの力添えをいただいた。

ほかにも、「ワイアード・ジャパン」の小林弘人氏、「デザインの現場」の鈴木一男、田邊直子、伊部幸一の各氏、「コンフォルト」編集部の多田君枝氏と内田みえ氏、元UPUの小笠原宏和氏の理解によって、素晴らしい働き者たちにインタビューする機会を得た。この本では本格的に触れなかったが、「コンフォルト」で行ったイタリアン・デザインの働き方研究は、日本のモノづくりの特殊性を理解する上で重要な経験となった。二〇〇〇年一二月に天寿をまっとうされたアッキーレ・カスティリオーニ氏へのインタビューを含むこのテーマは、いつか別の形でまとめてみたい。

働き方を研究するのは結構なことだが、実際の自分の仕事に反映されないかぎり、ただの評論活動にすぎない。働き方研究に並行して関わってきた様々な仕事、中でも先の竹村氏をはじめ、東泉一郎、渡辺保史、上田壮一、島田卓也、江渡浩一郎、大野浩之、山口優、春木祐美子、トーマス・ヴィンセント、パメラ・三木の各氏を中心に複数の人々が関わった、「センソリウム」というプロジェクト。そして「サウンドエクスプローラ」「サウンドバム」などの仕事をともにしてきた先の宮崎氏ほか、大内範行、清水徹、小林博樹、川崎義博、岡田晴夫、宮田義明各氏など、三〇歳をすぎてようやくエンジンのかかった自分の素人まるだしの働き方に付き合ってくれた、すべての人に感謝している。彼らとの仕事が、働き方研究の現場だった。

中でも東泉氏との仕事が、自分のモノづくりにあたえた影響は計り知れない。ある仕事の余暇にフロリダのケネディ・スペースセンターを一緒に訪れ、サターンVロケットの実物を見た時の感激は思い出すたびに鳥肌が立つ（氏と行けたことを感謝している）。この時の話は、以前IDÉEのカタログ誌に熱く書いたが、これもまた別のテーマとしていつかまとめなおしたい。「発明とデザイン――デザインとは可能性を形にする仕事である。」というテーマだ。

働き方の研究は、大学において「プレデザイン」という授業になった。モノを大量につくりつづける時代は終わりつつあるにもかかわらず、大学で行なわれているデザイン教育の多くは、いまだに「つくること」を大前提に「つくり方」へ大きく偏っている。生産力だけでなく、判断力の方にもバランスの取れた学生を養おうとするこの授業の形は、榊原晏、岡村裕次両氏とともに探られた。彼らの誠実な仕事にも敬意を表したい。

妻のたりほは、途中段階の原稿に何度も目を通してくれた。この本に、多少なりとも説得力を持つ部分があったなら、それは彼女の働きによるところが大きい。

企画書を通してから五年間もの長い間、原稿をまちづつけてくれた晶文社の安藤聡氏、そして佐藤直樹、天木理恵両氏をはじめ、アジール・デザインの皆さんに深く感謝する。友人の宮下和典、森川千鶴の両氏にも。

そして最後に、取材に応じてくださった働き者のみなさん、貴重な時間を、ありがとうございました。

補稿　10年後のインタビュー

晶文社『自分の仕事をつくる』の出版から五年が経った。インタビューに応じてくれた方のうち幾人かと、その後もお付き合いをさせていただいている。文庫版にむけて、そのうちの二人に再度インタビューを行った。

益子でスターネットという場所を育てている馬場浩史さん。ルヴァンというパン屋さんを、東京と信州で育てている甲田幹夫さん。

二人ともじぶんの大切な友人であり、人生の先達でもある。馬場さんは五〇代直前、甲田さんは六〇代直前。じぶんも四〇代半ばになり、おそらく今生はあと半分もないだろう。最初に働き方の話を聞いて回った三〇代前半の頃は、「なぜやっているのか?」「どんなふうにしているのか?」という部分に強い関心があったが、それは次第に「どんなふうに生きてゆくのか?」という方に移っている。

特定の人物について時間差をもってインタビューを重ねるのは、語るご本人にも、読者の方々にも、じぶんにとっても、悪くない人生の共有方法なんじゃないかと思う。

馬場浩史さんを益子に訪ねる【2005年・春】【2008年・夏】

「自分の切り売りは辛いことですよね」

『自分の仕事をつくる』に収録されている馬場さんのインタビューは、一九九八年、彼が益子につくったスターネットという場所がオープンする、その前日に行ったものだ。

それから数年が経過したある年の冬。ひさしぶりに再訪してみたら、場所は古びるどころか新陳代謝を重ねていた。以前の母屋は増築され、工房やショップも充実、さらに向かい側の小山を買い取って切りひらき、あたらしいギャラリーを建てようとしていた。

都会での暮らしに違和感を感じて地方へ移ってゆく人は、移り住んだ土地に自分たちを馴染ませ、風景の中にとけ込んでゆくことが多い。しかしスターネットは、少し違った。宇宙船が着陸して、数年後に行ってみたら、村が形成されつつあったような感じ。

数年前にインタビューの中で話していたことは、それぞれなんらかの形になっていて、かつ「まだ終わっていない」空気に満ちていた。

その頃にとらせてもらった、小さなインタビューがある。この文庫本のインタビューの前に、まずはそれを再録したい。二〇〇五年夏、妻や仲間たちと手がけているリビングワールドというデザイン事務所の初めての個展を、彼のギャラリーで行ったのだが、それに先立って交わしたものだ。

馬場 やりたいことは、一言でいえば「衣食住のクリエイティブな自給自足」ということです。

――「やれたらいいと思う」とか「やってみたい」と言う人はたくさんいる。でも実際にする人は少ない。ほんとうにやってしまうというのは、一体どういうことなんでしょうね。

馬場　自分の居場所をつくっているんだと思う。居場所がないわけですよ。自分の居場所がこの社会にない、と感じている。だから自分の居場所ぐらい自分で作ろうと（笑）。

——何歳ぐらいからそういう心持ちに？

馬場　むかしからそうだったと思う。近年さらに激しくなっているんですが、二〇代、トキオ クマガイとの仕事で世界を飛び回っていた頃も、大事なCDを何枚かと、いちばん気にいっている自然素材のブランケットは畳んでスーツケースに入れて、いつも持ち歩いていました。

どこへ行っても自分の場所を作るわけです。いつも小さな自分の場所づくりをしていて、それがいまちょっと広がっているということだと思うのですけど。

——居場所づくりに終わりはないのですか？

馬場　う～ん。ないんでしょうね。だからね、他人《ひと》の仕事はあまり受けたくない。仕事にしてはいけないんじゃないかと思う。たとえば、店舗のプロデュースにしても、外側だけ作っても仕方がない。一年ぐらい経過して訪ねてみると、がっかりすることも時にはあるんです。そんな経験を何度か重ねていると、中身まで自分でみれないものはやってはいけないなと。やってますがね。やってますが、今はかなり近い関係の人の仕事に限っている。

「自分」の切り売りになってしまうような仕事は、すごく辛いことですよね。

東京で事務所をひらいていた時代、企業から頼まれる仕事には、時代を先取りしたエコ関連のものも多かった。自然が大事だとか、ローマテリアルが大事だとか、手仕事が大事だとか、そういうことを考えて関わるわけですが、けっきょくは消費されて、消耗して終わってしまう。それは「自分」の切り売りですよね。

どういうことがテーマであれ、これは一緒だなと思ったんです。最終的には経済効率のための何かになってしまう。オーガニック・ブームもそう。循環型とかなんとか言っていますが、けっきょく経済効果のために使われている。言葉だけがひとり歩きしていて、実体がどこにもないじゃないかと思うわけです。

――ほんとうにやってしまう人と、やらない人の違いはなんでしょう?

馬場　捨てるか、捨てられないかじゃないですか。自分がいま持っているものを捨てないと、やはり新しいところには行けませんよね。そこにはリスクがともなう。

たとえば数年前、僕が東京からここに移った。これまでの仕事は、一切なくなるわけです。自分のアイデンティティみたいなものも、この場所では崩壊していく。と、いったあたりで腰がひけて、着手できない人が多いのではないですか。生活がイメージできないとか。

――選ぶことは、同時に捨てることでもある。自分がつくり上げてきたものに固執せず、捨てられるのは何故でしょう?

馬場 それしか残された可能性はないと思うから。東京ではけっきょく消耗して――東京という言い方はよくないのですが

――、そういう社会のなかで、消費されて消耗して生きていくのか。自分の理想に適うものを、理想的な場所を見つけてつくっていくのか。僕の中では、もうそれしかチョイスがないわけです。

三〇代中頃までは、東京の事務所で企業のＣＩや新事業の立ち上げとか、代理店の仕事もしていました。やりたくてやっていたというより、食べるためにそうなっていた。でも企業との仕事は、自分の性格からいっても限界だなと思ったわけです。

――日本ではいろいろな仕事が、企業を通じて流通しすぎているように思います。

馬場　そうですね。その結果、やっても薄まってしまうというか。いろんなフィルターを通って、違うものになってしまうことがある。それではエネルギーを費やす意味がない。結局お金だけの仕事になってしまうように感じられて。それで、僕はやらなくなったんです。

ここでの暮らし・ここでのものづくり

二〇〇八年夏、再び益子に馬場さんを訪ねた。

――三年ぶりの、馬場さんの話を聴かせてください。

馬場　今年の四月に父親を亡くしたんです。それもあってここしばらくは、この後の社会への関わり方や、残された時間をどう使うかについて、心的な変化がありました。
一〇年前に話していたことは、ほぼ実践がともなって、ある程度この社会の中で機能した気がするんです。で、節目だとい

う感じがある。いままでの延長でなく、一回リセットしたい。いま社会になにが必要なのか？　という問いは、常に自分の中にあります。でも、日本とか世界には、とても責任を負えないし、考えも及ばない。やはり自分の場所。この益子、あるいはその農や窯業についてですね。

陶芸作家は元気に見えるかもしれませんが、産業としての益子の窯業は、ほぼ壊滅状態です。来た頃はまだ機能していたけど、いまや職人もほとんどいない。ただノウハウはあるんです。職人に頼らずにつくる方法もあるので、そこを触っていきたいと思っている。

――モノが余っている、暮らしに必要なモノがある程度満たされているから、量的な生産が成り立たなくなっているのでは？

馬場　益子の焼き物なんて年間四〇～五〇億円ぐらいです。東京の中小企業一社分ぐらいの売上規模だし、日本全体を考えればかなりのマーケットがある。いまはそこに中国や韓国の製品が充てられている。自給自足ということは、食料以外の分野でも問われているわけです。

ほかの産地と違って益子には問屋がないし、量産システムも入れていない。量産窯といっても原始的で、一点からつくることもできる。いろんな可能性があるんです。機能していないのは時代に即したものをつくれずにいるから。浜田庄司さんの民芸様式から発展がない。そこで終わってしまっている。

でも僕はここの土、ここの上薬で、素晴らしいものが出来ると思うんです。一〇年以上いますから、作家たちとのやり取りを通じて得てきた感触がある。これをやらないと益子には何もなくなりますね。いま作家たちも、ほとんど益子の土を使っていない。ここにいながら、ここでの暮らし、ここでのものづくりが出来ていないんです。

——馬場さんは一〇年前も、「益子に残っている資産を活かしてゆくんだ」と話していましたね。

馬場　これは僕の体質だと思います。東京で働いていた時も、パリに行けばパリで、ネパールへ行けばネパールで、何かを考えてそこの人につくってもらう、ということをくり返している。自分にとって自然なことなんです。地域のつくり手と出会って、お茶を飲んで話して、時には愚痴を聞いたり、飲んだり、遊んだりしている中で、「この人はこういうのをつくるのが一番自然だな」と感じる。それを書いて渡す、というところから始める。

――どこに行っても自然にやっていることは、おそらくその人の本領なんだろうなと思います。

馬場　そうですね。…いま、地元の四〇〇戸ぐらいの自治会の仕事も始めているんです。ここで暮らしていても、地元の出来事をみんな知らないんですよ。とくにサラリーマン家庭とか。僕は自由な時間が持てるので、カメラをぶら下げて、育英会の子どもたちの集いとか、お祭りのいろんなミーティングの様子

を撮して、それを回覧しているんです。

ここで何が起こっているのかを互いに知っていることが、まず大事なんじゃないかなと思って。

地域の組長補佐もやっています。三〇年前の村の仕組みがそのままで、何も変わっていない。たとえばお葬式があると丸二日ぐらい仕事を止めないとならないんです。でもいまはみんな葬儀社がやりますから、集まっても実はやることがない。そういうところは柔軟にしていいはずなんだけど、意見すると「それじゃあコミュニケーションがなくなる」と返ってくる。合理主義は通用しないんだな。

長老たちは、変えることをなかなか許してくれません。変えるのにはすごくエネルギーがいる。でも、これは信頼関係だと思うんです。今回決まらなければ、また次に集まった時に持ちかける。そもそも僕はよそ者だから、いじめられても言える立場ですしね。三回、四回とくり返してゆくと、「そうか」ということになるんですよ。みんなそれが面倒くさいからやってこなかったのだけど。

いままで自分は、はっきり言ってそういうことには関心がなかったんです。でも、やはりとても大事なことだなと。前はもっと自分の個人的なイメージだけを追いかけていました。足元が大事だと言いながら、実際には村の暮らしはあまり見ていなかった。

でももう一度、立ち戻らないといけないなと思っているんです。

甲田幹夫さんを上田に訪ねる【2008年・夏】

「家族のような関係に人は満足を感じるんじゃないか」

甲田幹夫さんが手がける天然酵母のパン屋さん「ルヴァン」は、この一〇年の間に、信州上田に新しいお店を開き、小さなレストランも開業。それと並行して調布にあった工場を閉じた。

いつも通りのパンと笑顔をとどけてくれるルヴァンだが、実はいろいろな変化を遂げてきた。この一〇年の間に多くのスタッフが入れ代わり、自分のパン屋をひらいている卒業生は多い。パン以外の仕事をしている人もいるが、関係は途切れずにつづいていて、互いの様子を気にし合っている様子が傍目にも温かく感じられる。ルヴァンはパン屋というより、小さなコミュニティのようだ。

――昨年、調布の工場をたたみましたよね。その理由を聞かせてもらえますか。

甲田　チャンスがあれば閉めたいな、という気持ちは前からあったんです。理由はいくつかあるんだけど、一つは人の問題。昔ある人が牛耳って労働組合ができて、「対社長だ！」みたいになった時があって。どうも気持ちが合わなくて。その時はもうすぐに閉じたかったけど、でも調布は原点だしね。ルヴァンはあの工場から始まったわけだから。

経営的にも大変だったんです。富ヶ谷店は小売りのお店だから、売上げはそのまま収益になる。でも調布は卸しだから、全国に送ってはいたけど、利益率は低いし、諸経費も多い。いつもトントンというか、そんな感じでした。

――直販じゃないことで、増える仕事も多い。

甲田　そう。たとえば宅配便で送るわけです。以前は次の日に発送していたけど、世間では「その日に」という要求が多くなっている。送る量が多いので、集荷の時間も早い。急いで焼き上げて詰めないとならないのだけど、焼きたてのパンを袋に入れることは出来ないし、そもそも包装すると味が変わる。人の手元に届く時には違うものになってしまう。

気持ちを込めてつくるんだけど、届ける過程や、販売方法で味が変わっちゃう。無理があるわけですよ。

もちろん今も宅配便は使っているけど、そもそも富ヶ谷に店をつくった背景には、お客さんが買いに来てくれる場所をつくりたいという思いがあった。海外で学んできた元スタッフが、「ドイツではパンを送るなんてことは絶対にありません」と言うわけ。それを聞いて少し安心した。パン屋は街のパン屋でいいんだなって。

やっぱりスタッフもお客さんの喜んだ顔とかが見えないと、何時から何時まで働いて、はい終わりというような意識にもなりやすい。「そうではないよね」と話していても、どうしてもそうなりやすい部分はあるなと。

直接お客さんとやり取りできるって、大きなことなんです。ちょっと虫が入っちゃったとか、万が一そういうことがあっても、顔を見て対応してゆけばなんとかなる。でも卸しだと難しい。とくに東京は消費者という人たちがうるさくなってきて、たとえば大きな自然食品ストアだと、ちょっと何かあったらすぐ大問題になって、全部のパンを引き上げないとならなかったり、「この商品は一週間はやめてください」と言われたりする。もうダメージが大きくて。

極端に言うとパンというより、商品として取り扱われている感じでね。ラベルが最優先なんです。日付とか賞味期限とか、表示にかけるエネルギーがすごい。ラベルが貼ってないというだけで返品になったりね。これは無農薬ですとか、オーガニックですとか。そういうことばかり次第にうるさくなってきた。

なんのためにやっているのか、わからなくなってきていたから、調布の工場はいつか閉じたいと思っていたんです。

――閉じるのはエネルギーが要ることですよね。

甲田　これまですべて発展的だったしね。閉めるのは経験がないし、スタッフの次の就職先のこともあるし。どうなるかと思ったけど、なんとかやらないといけない。

山登りでは頂上を目指していても、状況によって断念して引き返すことがある。それは勇気のあることだと言われるんですけど。昔の調布のスタッフから、「僕が働いていたあそこをなぜ閉じるんですか⁉」と問われるのが一番苦しかったな。彼にとっては、母校がなくなっちゃうようなことだものね。

でも閉じて半年経って、だいぶ落ち着いてきました。次はね、農業をやってみたいと思っているんです。ルヴァン・ファーム。麦をつくりたい。日本の麦も大変な状況になりつつある。僕らは製造業をやってきて、サービス業もやって。あとは第一次産業だなって思っているんです。そこまでできれば、僕の考えたことは全部できたかなと。

富ヶ谷のお店については、「僕に任せてください」という人が出てきたら、しめたもんだなと思う（笑）。

——自分が死んだあとも、ルヴァンは残って欲しいですか？

甲田　うーん。後継ぎが出てきたら託すというか、なんとか残して欲しいと思うけど、まだ出てきていないからな。

みんなが楽しくやってくれているというのが理想。平和的な気持ちというか、それがつづいてくれればパン屋でなくたっていいんです。商売をかえて骨董屋さんになっていてもね（笑）。気持ちがつづいていたら、天国の甲田としては嬉しいかな。

——前の本で僕は「ルヴァンのパンは美味しいだけじゃなくて、満たされるんだ」と書きました。甲田さんは満足感というものを、どんなふうに考えていますか？

甲田　肉体的なそれと精神的なそれでは、後者の満足感の方が強いと思う。もちろん食べて身体も喜ぶけど、気持ちっていうか、それが喜ぶことの方が、もっと上の楽しみだと僕は思いま

ルヴァン

す。

なにがそんなふうに満足させるのかっていうと、誠意を込めてつくるとか気持ちよく売るとか、そういうところまで含まれている。無農薬だとか有機だとか、そういうことではないってことだと思う。

そう考えると、やっぱり母親のつくったものっていうのは、精神的にいちばん大きいよね。ほんとに精魂込めてつくっているわけだから。材料とか技術ということより、気持ちが美味しい。他人が食べたら「なんだこんなもの」ってなるかもしれないけど、その人のために一所懸命つくられたものをいただくことが、「満足」になるのだと思う。

家庭の味というのが大事だと思うんです。ルヴァンもそうだけど、商売になってしまわないようにする。家庭の味を商品にして売るのではなくて、単純に家庭の味をつくって提供したい。つくっている人と買いに来るお客さんが、友達というか、家族になっているような関係。あの人のためにつくるんだって思えて、時には「こんな油っこいもの食べちゃいけないよ」とか

「パイはちょっと控えて」とか（笑）、「もうちょっと野菜食べた方がいい」とか心配して。

母親がつくったものを出すというか、家族に食べさせたいという感覚。そういうのが、人が満足することなんじゃないかなと思います。

わたしたち

他人事ではない、自分の仕事。働くことを通じて「これが自分です」と示せるような、そんな質をもつ働き方をすることが、個々の充実ばかりでなく、社会の豊かさにもつながるんじゃないかということを『自分の仕事をつくる』で書いた。

「自分」を掘り下げてゆくと、個人の枠におさまらない「わたしたち」という領域があらわれる。甲田さんはこんな話も聞かせてくれた。

甲田　野望やただの義務感からは、本当に価値のあるものは生まれないよね。自分にも価値があるかどうかわからないけど、いろいろ積み重ねていって、後で「そういう価値があったのか」と気づいたり、周りの人が「いい仕事だよ」と認めてくれたりする。本当に価値あることっていうのは、そういうことなんじゃないかな。

仕事は、自分の課題と社会の課題が、重なるところにある。それはただ単に好きなことをやることでも、ただ人や会社に与えられた務めを果たすことでもない。

馬場さんは、正直これまでは自分のイメージを形にすることに重心を置いていた部分があると話していた。そう語る彼の仕事が、グロテスクな独善に陥らずにスターネットを訪ねる多くの人から喜ばれているのは、彼の見ている夢やイメージが、馬場さんだけのものではないからだ。

ものをつくる時、つくり手が重要な手がかりにしているのは、宮田識さんも話してくれた「違和感」だ。たとえば一枚の絵を描いてゆく時、描き込んでは少し離れて絵を眺め「…うーん」と唸る。自分の内面に生まれる小さな違和感を手がかりに、次の絵筆を重ねる。仕事はこのくり返しの中で進む。そして自分の中にもう違和感がないことに気づいた時に、「ん。できた!」となる。

こころの実感に触れて、その質を感じとる力能を内的感受性(self sensitivity)と呼んでみる。ものづくりにはこれが欠かせないと書いたが、つくるものが企画書であれ、あるいは接客にせよどんな仕事においてもこの力は欠かせないものだろう。それがなかったら、自分の仕事に対する判断は常に外から与えられるものに依存してしまう。

一方、多くの人に喜ばれ・共感される成果を形にしている人には、自身の実感に触れるこの力能と同時に、もう一つ、この社会で生きている、他の人々が感じていることを感じる力能。社会的感受性(social sensitivity)とでもいうものが具わっているいると思う。これは、他者の視線や評価を気にすることではない。他者の願いや喜びやつらさを、ともに感じる力だ。

自分が感じている「なにか」が、単に個人的なものだとしたら、わざわざ人と共有するまでのことはない。

でも自分だけのことは思えないから、なんらかの形にして、社会に差し出してみることが出来る。そのとき仕事は、「自分」の仕事であると同時に、「わたしたち」の仕事になる。

「商売にしないようにする」という甲田さんの言葉には、ハッとさせられた。

ルヴァンでパンを買う時、他の店で買っている時とまったく違う感覚があって、前から不思議だった。変な言い方だが、パンを買っているはずなのに、なんだかご飯をよそってもらっているような感じがして、これは一体なんだろうと思っていたのだ。

「つくる人とお客さんが、友達というか、家族になっているような関係」と甲田さんは言っているが、その言葉のとおり、ルヴァンの仕事の魅力は、関係性をめぐる「意識」の部分にあるのだなあということを思った。

一つのパンを食べる時、わたしたちはその仕事を手がけた人の「意識」も口にしている。それは人の肉体だけでなく、精神をも育む。この意識のことを、人間は「愛」という名前で呼んできたんだなということを、あらためて思った。

文庫版あとがき

西村佳哲

数年前に単行本を出版し、今日までにさまざまな反応をいただいた。お便りを受けとったり、感想の書かれたブログを見かけたり。これらを拝見しながら、人は本を読むことを通じて登場人物や著者と出会うが、それ以上に、その人自身と出会うということを強く思った。

どの部分に反応しているかは人によって異なる。「おっしゃる通り私も○○○だと思います」といった感想を読みながら、「俺そんなこと書いたっけ?」と思うことさえある。

本を読み進めながら感じるものがあったとして、それは一人ひとりの内側の「なにか」が反応して浮き上がってくる動き、あるいは共振だ。読み手にとって読書の効用とは、自分の中にある「なにか」に気づくこと、それと出会うことにあると思う。

書き手も同じく。言葉にする作業を通じて、自分が気にしていること、明らかにしたいことが次第に鮮明になる。

しかし、それだけが目的なら日記でも用は足りる。わざわざ本にするのは、きわめて個人的な関心に端を発する、ある事柄が、自分だけの問題とは到底思えないから。同じ時代を生きる他の人たちと共有できるんじゃないか、という予感を抱けるから、形にすることができるのだと思う。

話が少し脇道にそれるが、自分は妻と小さなデザイン事務所をひらいていて、企業や自治体などから相談をいただいて進める、いわば請け負う仕事と、誰から頼まれるわけでもなく自分たちで思い付いて、形にして販売までするメーカーポジションの仕事の両方を手がけている。その傍ら大学でデザインを教えていて、授業で学生たちにプロジェクトを紹介すると、「好きなことをやって食っていけるんですか?」という質問に出会うことが、ままある。

もしそこで「食っていける」と答え、その約束を取り付けたら、彼らは好きなことをして生きてゆくのだろうか?　というツッコミを脇に置いて、それより彼らに戻したくなるのは、「単に好きなことをやっているわけじゃない」ということ、「他の人と共有できる予感があるから形にできるんだ」という、自分の立ち位置である。

ところで、出版からだいぶ年月の経ったある日、一通のメールが届いた。数年前まで美術大学で学び、その後グラフィックデザインの仕事を経て、現在はライターやイラストレーターとして働いているという人からのもの。つい最近『自分の仕事をつくる』を読み、励まされると同時に、共感できない部分があったのでお伝えしたいというお便りだった。

——どんなに駄目なテレビ番組でも、一生懸命作っている人がいます。それは「手の込んだ」というよりは、もっと消極的な「この範囲内でベストの」という類の仕事かもしれません。

でも、その仕事をしたその人本人には責任があると思えない。そうしなければ成り立たない、どうしようもない状況があるからです。

そういう背景には言及せずに、「広告の多い雑誌が駄目で、手の込んだコーヒーカップがいい」というのは、あまりにも紋切り型な対比だと思います。まえがきを読んでわたしは悲しくなり、くやしく思いました。

わたしは今、週刊誌で多く仕事をさせてもらっています。

もちろん、大学で学んだような、いわゆる「いい仕事」ではありません。どうでもいい記事、ひょっとすると害になりそうな記事だって多く書きます。どうでもいいイラストを、物凄いタイトな進行で要求されます。ほんとうだったら、どんなにくだらない内容でも、たっぷり時間をかけたいというのが本音です。

でも、そうできない現実があります。原因の一つは出版業界の不況だったりする。あるいは読者があまりにも安易な情報を求めていて、それを与えなければ読まれないという現実があったりします。あるいは、編集長やクライアントや芸能事務所の「意向」や、先輩の不機嫌のせいだったりします。

でもそういう不利な状況の中で、多くのライターや編集者は一生懸命ものづくりをしています。決して「この程度でいいや」という姿勢ではありません。せめて、ちょっとでも面白い記事を作ろうと頑張っています。風潮を変えようと、四苦八苦している人だっています。

それを、有名なデザイナーの仕事ぶりと対比され、批判されるのは悲しいことです。

もしあの本に、「こんなもんでいいんでしょ」な広告ばかりを作っているデザイナーや、「こんなもんでいいんでしょ」な雑誌ばかりを作っている編集者や、風俗嬢や、掃除のおばさんのインタヴューがあったら、納得できたかもしれません。でも、そんな仕事に就いている人の話は一つもありませんでした。

どうか、駄目な仕事を、批判しないでください。——

部分抜粋だが、ご本人の許諾をいただき、ほぼ原文のまま転載した。

僕はこのお便りを読み、とても感じるところがあったので、次のような返信を送らせていただいた。この人からのメールを全文掲載していないので、脈絡がわかりにくい部分もあるかもしれないが、ご容赦ください。

——西村佳哲です。お便りありがとうございます。

いただいたメール、嬉しく拝読しました。感想のメールは時々受けとりますが、このような対決型の申し立てが届くことはまれです。

最後の部分に「コーヒー豆を延々と栽培しなければいけない仕事と、それに携わっている人を、誰が責められるか」と書いていますね。

まったくその通りだと思います。

あなたはそこに、仕事上のご自身の有り様を重ねている。訴えたいのは、どんな仕事であっても、それに心血を注ぐことには尊さがあるということでしょうか。僕はそう受けとりました。そして、同感です。

あの本を読んで「きれいな話ばっかり！」と反発を感じる人。それを表明してくる人は、何人かいました。僕には見えていない方々も含めれば、そんな感覚を持った人は多々いるだろうと想像します。

そもそも、自分の憧れの人たちの働き方を知りたくて始めた取材群でしたし、感じ・考えたことをより強く伝えたいという気持ちから、世の中で働いている人々が否応なく抱えている現実の、「それを言われると困ってしまう」ような弱い部分に、少し踏み込んだ書き口をとっている側面もある。読み返してみると、そういうところは嫌らしいなと思います。

あの本で僕がなんとしても言葉にしたかったのは、広告頁の多い雑誌や水増しされたテレビ番組は良くないということではなく、「こんなもんでいい」というような、他人を軽く疎んじる働き方は、人間を互いに傷つけるということでした。

他人を疎んじることは、自分をも疎んじない限り出来ないことですから、そのような働き方を通じて、結局は自己疎外の連鎖が深まってゆきます。その人がそこに「いる」感じのしない働き手や仕事が、世の中で増えてゆく。それは僕には耐え難いことです。

たとえばあなたが、仕事の現場でどんなものをつくろうと、そこに本人による本人の疎外がない限り、僕はそれを人間の仕事として受容します。

しかし自己疎外の度合いが強いと、それは仕事というよりただの労働になってしまう。ただの労働の中でも、ベストを尽くし心血を注いでいる人はいると思いますが、僕がここで書いている「労働」には、自分の気持ちや感情を度外視して働くことを指すニュアンスがあります。それはちょっとどうかな、と思うわけです。


仕事という言葉は、「稼ぎ」や「つとめ」という言葉で語られることもあります。後者は、自分が属している世界に責任を果たすということです。

つとめとして働く只中では、一時的に自分の気持ちをおさえたり・ひかえたり、膨らんでくる感情を殺さないと機能できないような瞬間が、当然のように混じるでしょう。このような胆力の有無は、人の成熟をしめすものでもあると思う。

しかしやはり、自分をいかして生きてゆくことこそ、一人ひとりの人間の仕事だろうと僕は思うので、できれば殺さないで欲しいという気持ちがあります。

どんな仕事でも、本人の現場で一所懸命に働いている人には、かけがえのない尊さがある。イラクに派兵された若いアメリカ兵の中にも、ベストを尽くしている人は多々いるでしょう。人間性が必要とされないような極限的な現場で、でも人間的であろうとする人たちは戦場に限らず、無数にいると思う。一所懸命にやっている人、生きている人を責める気はない。しかし、人間を粗末に扱っている人間がいることは頭に来る。ベストを尽くして記事を書いている人を責める気はない。が、広告媒体として雑誌を発刊し、安い人件費で働いてくれる編集者や、都合のいいネタを提供してくれる人をある意味搾取している人間がいることは、頭に来るわけです。僕の憤りは後者の方に向けられています。

と同時に、これは本当に余計なお世話なんですが、前者に対しても「それでいいの？」という想いは出てくる。

与えられた仕事に疑問はあるが、でもやらざるを得ない状況に立たされている…という人たちは、不利な取引をしています。

たとえばイラク派兵でいうと、アメリカでは軍隊が、大学で学びたい優秀な若者を対象とする奨学制度を設けています。学費全額支給＋奨学金数百ドルで、引き替えに軍事への参加が義務づけられるらしい。軍人教育を目的とした制度なので、そもそも看板に偽りはないのですが、非常事態時には在学中でも召集される。

「でもやらざるを得ない」という状況に立たされる人は、なんらかの人質をとられています。あるいは暗黙の契約を交わしている。

最近の日本でいえば、ワーキングプアーや、派遣労働をめぐる問題が取りざたされていますよね。

しかし、たとえば都会に固執しないで地方へいけば、人間的な仕事はまだいくらでもあるというのが僕の実感です。かっこいい仕事ではなく賃料も低いかもしれないけど、ハローワークに募集掲示がないわけじゃないし、労働搾取的な案件ばかりでもない。お金がないと何も手に入れることができないという思い込みについても、それを手放すことで、あるゲームから降りることもできる。

あの本では「いい仕事」をしているデザインやものづくりの先達の、余裕のある働きっぷりが目立ったかもしれません。でもどんな人にも、その人なりの切実な現実はある。そしてその現実を選択しているのは、いつもその人自身だと思うんです。

たとえばトップデザイナーと呼ばれるような人たちは、すごく華やかに見えるだろうし、力を持っているように見えるかもしれません。実際、素晴らしい力能と運と条件を持っている人たちだと思う。けど見方によっては、なにか別の力によって奴隷的に働かされている側面も、ないとは言えないんじゃないか。

いずれにしても、自分をどこで・どういかして生きてゆくかということは、その人自身の手元にあると思うのです。――

後半部分に多少手を加えたが、これもほぼ原文通りである。

この人に長い返信を戻したい気持ちになった理由はいくつかあるが、一つには彼女のメールが、僕が次に書きたいと思っている本のある部分を、射抜いてきた感じがあったからだと思う。

「自分の仕事をつくる」というタイトルには、他人事ではないこと、他の人には肩代わりできないこと、任せたくないこと、ほかでもない「自分の仕事」をしよう！という願いが強く含まれている。実際、自分もそうしたいと思っているし、分かれ道に差し掛かった時は、より「自分の仕事」感のある方へ足を進めてきた。

この価値観はそうでない人、つまり社会的な要請への適合に明け暮れているような人のあり方を、あまり認めようとしない。しかし言動（doing）についてならまだしも、あり方（being）について他人がとやかく意見するのは、ひとことで言って僭越だ。それをどんなバランス感覚で文章化できるだろう？　という逡巡がある。

またこの価値観は、個人の自由意志を尊重し、その存在を前提にしている。しかし人間の歴史を振り返ってみると、それが是であるとは言い切れない事実に度々出会う。人間は自分の意志で生きてゆきたい生き物にも見えるし、君主のような存在を必要とする生き物にも見える。人の社会は、自治と統治の間で振り子を大きくゆらしつづけている。わたしたちは本当に「自由」を望んでいるのかどうか。あるいは、自由意志や個性を大切にする価値観がそもそも、どこかで刷り込まれてきたものだったりはしないか。

〈心理学をひもとくと、〈自分〉なんてものが果たしてあるのか、という疑問も浮かんでくる。人間とは遺伝子の乗り物で、私たちが思考と呼んでいるものはその辻褄合わせにすぎないという考え方もある。脳について調べてゆくと、わたしたちが「われ（我）」と呼ぶものがいったいどこに依拠しているのか、次第に混乱が増してくる。

僕はいったいどこを足がかりに、「自分の仕事」について書き、その共有を試みるのだろう…と思いながら、書いては筆を休めたり、休みすぎて何を書いていたか忘れ、また最初から書き直したり…ということをくり返している。

でも、いつか必ず書き上げると思うので、その時は本を通じてお目にかかりましょう。

文庫版づくりの声をかけてくれた筑摩書房の喜入冬子さん、協力してくださったインタビューイのみなさん、解説文を寄せてくれた稲本喜則さん、単行本を編集してくれた安藤聡さんと本を出しつづけてくれた晶文社、妻のたりほ、そして『自分の仕事をつくる』を読んでくださった人たちに、心から感謝します。

二〇〇八年十二月

解説　ファックス・ズゴゴゴの頃から

稲本喜則

西村さんと最初に何の件で会ったのか今となっては定かでないが、一九九二、九三年頃、わたしが勤めていたデザイン誌「AXIS」の編集部に彼が来たのだと思う。たぶん、記事についての用事ではなかった。つまり、狭い意味での「仕事」の話ではなかった。西村さんはどこかふわりとしていて、〝何となく知り合ってしまう〟不思議な人物なのである。

当時の西村さんはまだゼネコンで会社員をしていた。本業のかたわらで、さまざまな友人知人からファックスを集め、新聞のような、フリーペーパーのようなものを作っていた。時折、編集部のファックスが鳴り、ズゴゴゴ、とそのペーパーが送られてくるのである。毎回テーマがあったと思うが、どんなテーマだったか今となっては定かでない（定かでないことだらけで申し訳ない。頭の性能が悪いのである）。皆様からのおハガキを読むディスクジョッキーを紙媒体でやったもの、とでもいうか何というか。

ともあれ、会社員ではあったが、フツーの会社員と比べて、仕事というものの捉え方はかなり自由で、フットワークは軽かったと思う。「自分の仕事をつくる」という考え方の萌芽は、あのファックス・ズゴゴゴの頃、すでに芽生えていたのではないか。

その後、西村さんは会社を辞めた。編集部で、いろいろな人の働き方というものに興味がある、という話をしているうちに、じゃあ、デザイナーの働き方をテーマに連載をやったらどうか、それはいい、やろうやろう、とあっという間に話が決まった。

その連載「レッツ・ワーク!」に収録したインタビューが、この本『自分の仕事をつくる』の素材の一部となっている。

「レッツ・ワーク!」(働こう!)というタイトルは、わたしが決めた。当時、わたしはデザイン誌の上滑りした文章にうんざりしていて(コムズカしげな外来語を使うことを知的と考えたり、身体を振り回さずに「身体性」という言葉を振り回したりする文章のことだ)、軽くて実質的なものがほしかったのだ。

最初、タイトルを聞いた西村さんは、ちょっと「え」という顔をしたように記憶している。もっとかっちりした記事を想定していたのだろう。しかし、日本ではお金を出す側が何となくエラい、という通念があり、また西村さんが雑誌連載未体験ということにもつけこみ、「レッツ・ワーク!」のまま押し通した。

お金を出す側、といっても、大した原稿料が出たわけではない。取材出張の旅費もなかったから、アメリカや北海道での取材は西村さんの自弁である。お金を出せなかった側が言うのもナンだが、「レッツ・ワーク!」の仕事はお金の問題ではなかったのだろう。

取材を終えて報告に来る西村さんの話が、毎回、楽しみだった。取材先で見たもの、聞いた話について、西村さんは興奮気味に話す。仕事場でこんなふうに仕事をしていた、こんなものを見せてくれた、スタッフは食事をこんなふうにとっていた、それにはこんな考えがあるからなんだそうだ——「なるほど！」と思い、ハッとさせられることが多々あった。取材直後の生な興奮と「気づき」をそのまま聞けるのだから、漁師が獲った魚をその場でさばいて刺身でいただくようなものだった。

この本を読まれた方も、登場する人々の仕事ぶりや考え方にしばしば「なるほど！」と感じ、ハッとさせられたことと思う。じゃあ、なぜそう感じるかというと、意外なことや難しい理論を知ったからではないだろう。少なくともわたしは違う。

ここに取り上げられた人々は、実物で試行錯誤する（わたしたちは得てして頭の中だけで考え、錯誤だけしてしまう）、体験して感じ取った何かを大切にする、自分がほしいと思うものを作る、自発的に仕事をする、など、むしろ、「当たり前のこと」を大事にしている。彼らの仕事のやり方は、実はわかりやすいのである。

そうして、わたしたちもこれまで生きてきたなかで、そうした「当たり前のこと」のよさ、大切さをどこかで知っている。しかし、世間で通用している働き方のパターンに慣れ、また根本的なことを問い直すのはしんどいものだから、何となく惰性で仕事をしてしまう。だからこそ、当たり前のことを当たり前にやっている人たちを知ると、ハッとさせられるのだと思う。繰り返すが、わたしたちは本当はすでに知っているのだ。

もうひとつ。先ほど、「日本ではお金を出す側が何となくエラい」と書いたが、仕事をする側とお金を出す側は、本質的には互恵的な関係だろうと思う。少なくともそうであってもおかしくない。こっちでやろう、こっちで出そう、という関係でもいい。

しかるに、なぜかわが国では、仕事をする側が卑屈になってしまうのだ。話がしばし脇にそれて申し訳ないが、メーカーや銀行が顧客に対して「お客様」という言葉を使う。使ったっていいが、やたらとへりくだる（本心からかどうかは別として）。お客様第一主義！　仕事をする側が「しもべ」的態度を取ってしまうのである。

ホテルマンや英国の執事のように、しもべ的な態度が相手を心地よくし、そのことに本人が意義を感じる職種もある。しかし、そうではない職種で無用にしもべ的な態度を取ることは、自分の仕事のうえでもっと考えるべきことを、考えられなくしかねない。西村さんの言う「他人事の仕事」になりやすいのだ。しもべのように仕える、アナタ方ハソレデイイノデショウカ？

この本に登場する人々にしもべ的な態度はない。かといって、傲慢でもない。彼らはシンプルに相手と向き合う。そうして、相手（や周り、あるいは知らない誰か）に何をしてあげられるかを考える。どういうふうに人と関わるかについて、彼らはそれぞれ自分の形を持っているように見受けられる。その、人と関わる結び目にあるのが、仕事だ。

わたしたちは、仕事を通じて、家族友人恋人関係とはちょっと別の形で人と関わる（大量生産なんかも含めて）。人とどう関わっていくかは、生きていくうえでの大切な問題のひとつだろう。そう考えると、働き方の方法論の研究を進めてきた西村さんが、この文庫本のためのインタビューで『どんなふうに生きてゆくか？』に関心が移っている」と記しているのもわかる気がする。働き方は人との関わり方につながり、人との関わり方は生き方につながるのだ。

——などとエラソーに書いたが、この度再読して、いやー、あらためていろいろなことを教えられました。反省させられました。初めて読んだ方には、数ヶ月後、あるいは一年後、二年後に読み返すことをオススメします。きっと新しい発見があるはずです。

最後に、働き方研究とは別の西村さんの仕事について少しだけ。彼は大学で教えながら、デザイナーである奥さんとともに事務所を持っている。さまざまな外部スタッフと企業・団体などを結びつけ、人間の五感や時間のありようを意識させるユニークなモノ（砂時計、風鈴、テーブル、etc.）、空間を作っている。プランナー、プロデューサー、ディレクター、デザイナー、ファシリテーター……どの肩書きも今ひとつしっくりこない。作り手としてもっと軽やかに働いているのだ。彼の事務所であり、プロジェクトでもある「リビングワールド」の名前を見かけたら、ぜひ注目してください。

（コピーライター／編集者）

索引

1分間マネジャー　254
20：80の法則　087
DTP　140
IDÉE　165
IDEO　075
JAF　262
PowerBook Duo　075
Without Thought　035
アートセンタースクール　063, 071
アスペン世界デザイン会議　071
アレッシー　118
イヴォン・シュイナード　091, 163
伊藤 弘　054
ヴィルフレド・パレート　087
植田義則　154
オフィス・ランドスケープ　242
神谷直彦　215
河井寛次郎　034
クイックボナー　242
グルービジョン　054
グレート・ブルー　053
紅の豚　213
黒崎輝男　165
黒澤 明　030
甲田幹夫　168, 300
小林弘人　132
齋藤 孝　129
佐藤直樹　135
佐藤雅彦　114
失敗学のすすめ　085
シャルロット・ペリアン　063
スターネット　198
スペースチャンネル5　050
清遊の家　042
セルフエスティーム　127
ソイルセラミックス　046
象設計集団　038
ダブル・バインド　177
「できる人」はどこがちがうのか　129
デニス・ボイル　075
テレワーク　250
ドラフト　103
西田真哉　124
野口晴哉　126
パタゴニア　091
畑中洋太郎　085
馬場浩史　198, 285
パパラギ　266
樋口裕康　039
ファインモールド　213
ファシリテーター　111
フェザー・クラフト　163
フォークの歯はなぜ四本になったか　085
深澤直人　035
ブルーノ・ムナーリ　116
フレックスワーク　250
プロジェッティスタ　236
ペットサウンズ　029
ヘンリー・ペトロスキー　085
ポール・マッコブ　048
町山一郎　039
水口哲也　050
ミヒャエル・エンデ　229
宮田識　103
ムッソリーニ　249
村上春樹　031
モチベーション・リソース革命　260
森本晃司　227
八木 保　016
柳 宗理　057
ヨーガン・レール　181
ラウラ・ポウリノ　118
ルヴァン　168, 300
ワークデザイン研究室　257
ワイアード　132
鷲田清一　230

参考文献

『芸術と政治をめぐる対話』ミヒャエル・エンデ全集　岩波書店

『世界は音』J.E. ベーレント　人文書院

『黒澤明、宮崎駿、北野武　日本の三人の演出家』　ロッキング・オン

『The Beach Boys ／ The Pet Sounds Sessions』BOX CD

『八木保の仕事と周辺』　六耀社

『BRUTUS　特集：ペリアンを知っていますか？』1998 ／ 10 ／ 15 号　マガジンハウス

『フォークの歯はなぜ四本になったか』ヘンリー・ペトロスキー　平凡社

『失敗学のすすめ』畑村洋太郎　講談社

『MeSci Magazine』Vol.3 2003　日本科学未来館

『LE GRAND BLEU・ロングバージョン』パンフレット

『patagonia presents ／ How to break the rule. A to Z』エスクァイア日本版 1998 年 10 月号 臨時増刊

『日経ビジネス』1998 年 3 月 2 日号　日経 BP 社

『毎月新聞』佐藤雅彦　毎日新聞社

『LIVING DESIGN vol.18 ／ NAPOLI MILANO GENOVA』リビング・デザインセンター　風土社

『佐藤雅彦全仕事』広告批評別冊　マドラ出版

『叱り方 褒め方』野口晴哉　全生社

『AERA 臨時増刊／安全が食べたい』No.25　2002 ／ 6 ／ 20 号　朝日新聞社

『BRUTUS　特集：村上春樹さんは、16 回のフルマラソンを走り抜けて「肉体がかわれば、文体も変わる」と言います。』1999 ／ 6 ／ 1 号　マガジンハウス

『田宮模型の仕事』田宮俊作　文芸春秋

『オフィス・ランドスケープ〈オープンオフィスのプランニングと方法〉』インテリア 1975 年 11 月増刊号

『Resumex 2 ／仕事を遊びたい』リクルート社・ワークデザイン研究室

『モチベーション・リソース革命』リクルート社・ワークデザイン研究室

『だれのための仕事』鷲田清一　岩波書店

『発想する会社！』トム・ケリー、ジョナサン・リットマン　早川書房

『ワークショップ』中野民夫　岩波書店

『大きな耳』アラジン・マシュー　創元社

『ルヴァンの天然酵母パン』甲田幹夫　柴田書店

『火の誓い』河井寛次郎　講談社

初出一覧

「レッツ・ワーク！　連載第1回／八木 保」AXIS vol.57（1995年9.10月）

「デザインの現場のデザイン　連載第3回　深澤直人」デザインの現場 no.107（2000年2月）

「レッツ・ワーク！　連載第4回／象設計集団」AXIS vol.59（1996年1.2月）

「レッツ・ワーク！　連載第6回／水口哲也」AXIS vol.61（1996年5.6月）

「デザインの現場のデザイン　連載第2回　水口哲也」デザインの現場 no.106（1999年12月）

「レッツ・ワーク！　連載第3回／伊藤 弘」AXIS vol.58（1995年11.12月）

「レッツ・ワーク！　連載第7回／柳 宗理」AXIS vol.62（1996年7.8月）

「レッツ・ワーク！　連載第10回／IDEO」AXIS vol.65（1997年1.2月）

「レッツ・ワーク！　連載第9回／パタゴニア」AXIS vol.64（1996年11.12月）

「デザインの現場のデザイン　連載第1回　宮田 識」デザインの現場 no.105（1999年10月）

「デザインの現場のデザイン　連載第3回　佐藤雅彦」デザインの現場 no.107（2000年2月）

「ALESSI Workshop '97, TOKYO」AXIS vol.71（1998年1.2月）

「レッツ・ワーク！　連載第5回／ワイアード」AXIS vol.60（1996年3.4月号）

「我が輩は働き者である　連載第4回／黒崎輝男」ワイアード・ジャパン（1998年11月）

「レッツ・ワーク！　連載第8回／植田義則」AXIS vol.63（1996年9.10月）

「レッツ・ワーク！　連載第11回／ルヴァン」AXIS vol.66（1997年3.4月）

「ヨーガン・レール／ものづくりの倫理」コンフォルト32号（1998年4月）

「益子を拠点に発信するSTARNET」コンフォルト33号（1998年7月）

「つくりたいものをつくる プラモデルメーカー、ファインモールド」デザインの現場 no.109（2000年6月）

「日本のデザイニングを映し出すイタリアという鏡」デザインの現場 no.106（1999年12月）